CREATURA - 3
70 Drawings by Joan Worth

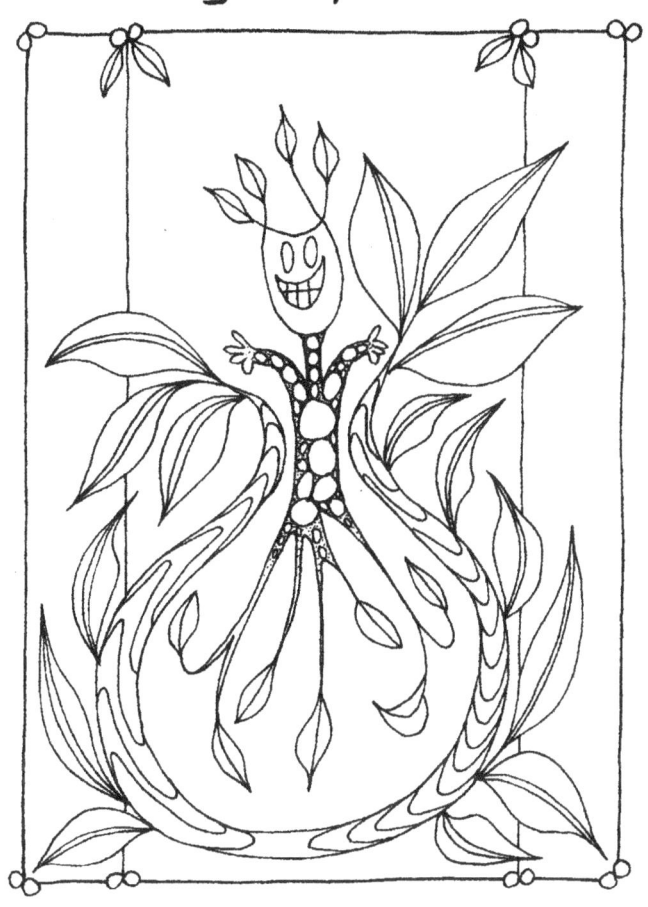

©2017 Joan Worth
ALL RIGHTS RESERVED
ISBN-13: 978-1975736842
ISBN-10: 1975736842
De Pere, Wisconsin

Creatura 3 - ©2017 Joan Worth

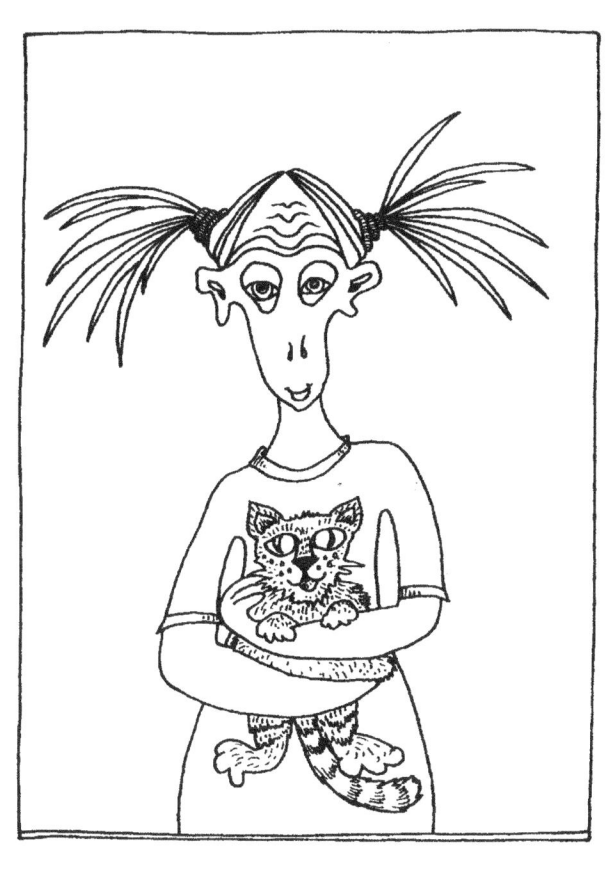
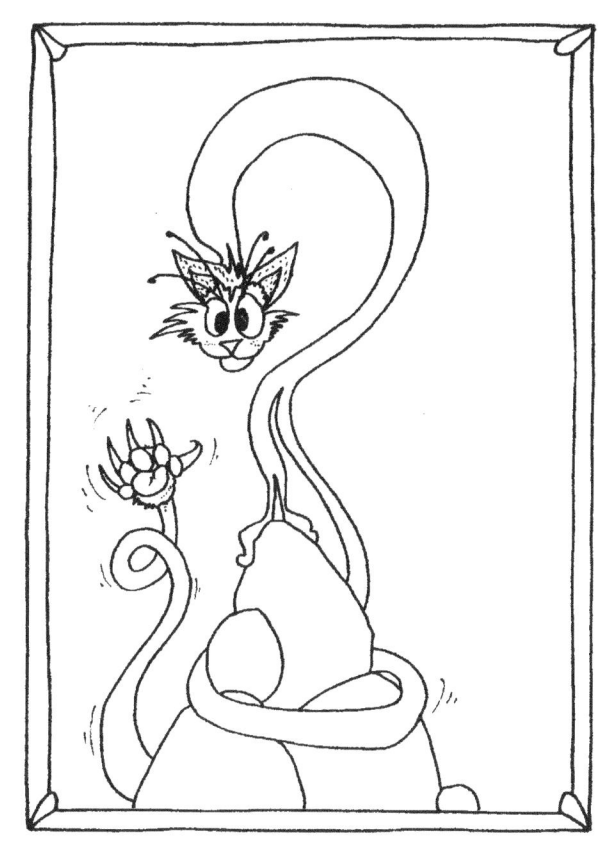
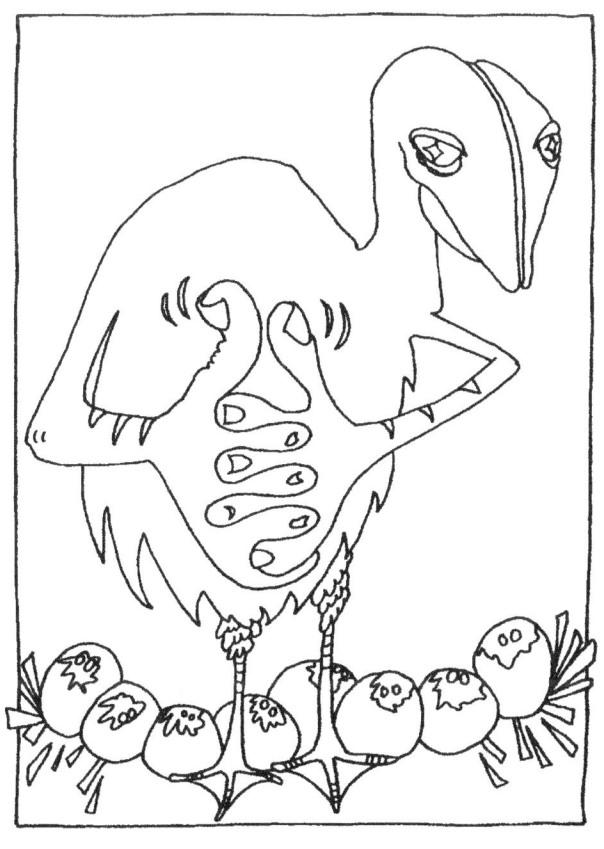
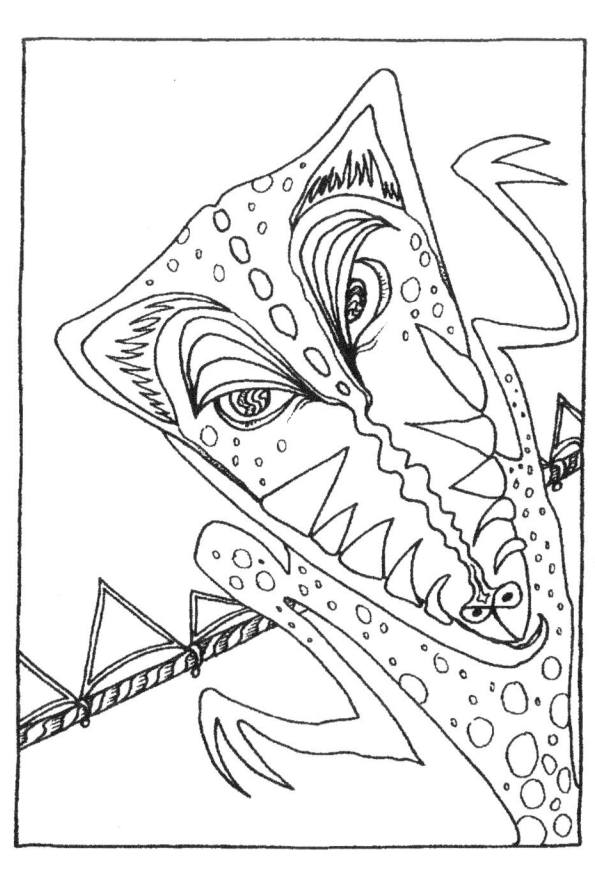

Creatura 3 - ©2017 Joan Worth

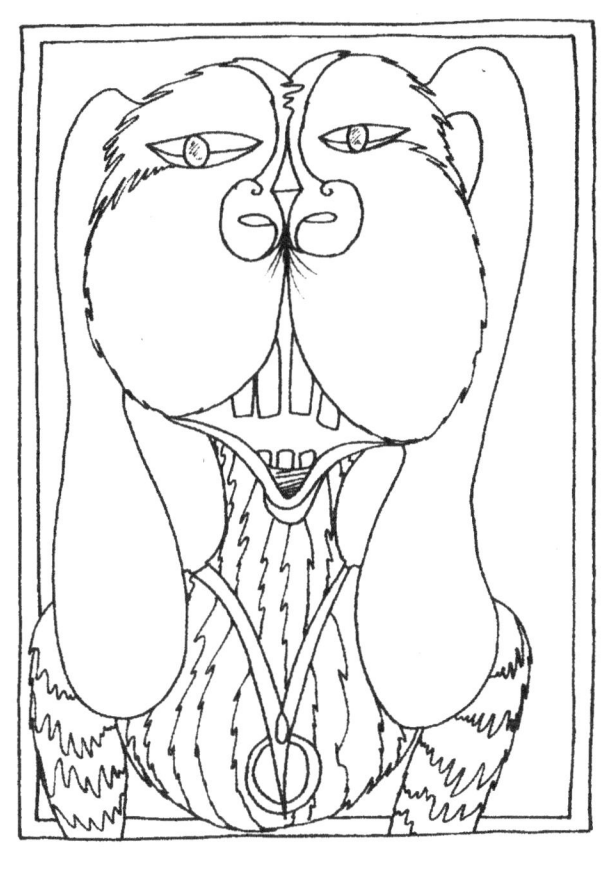
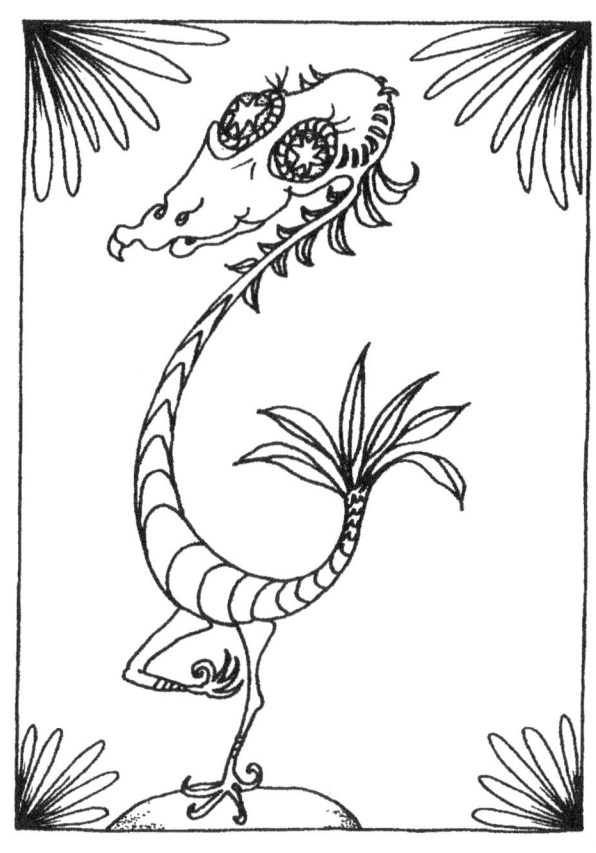
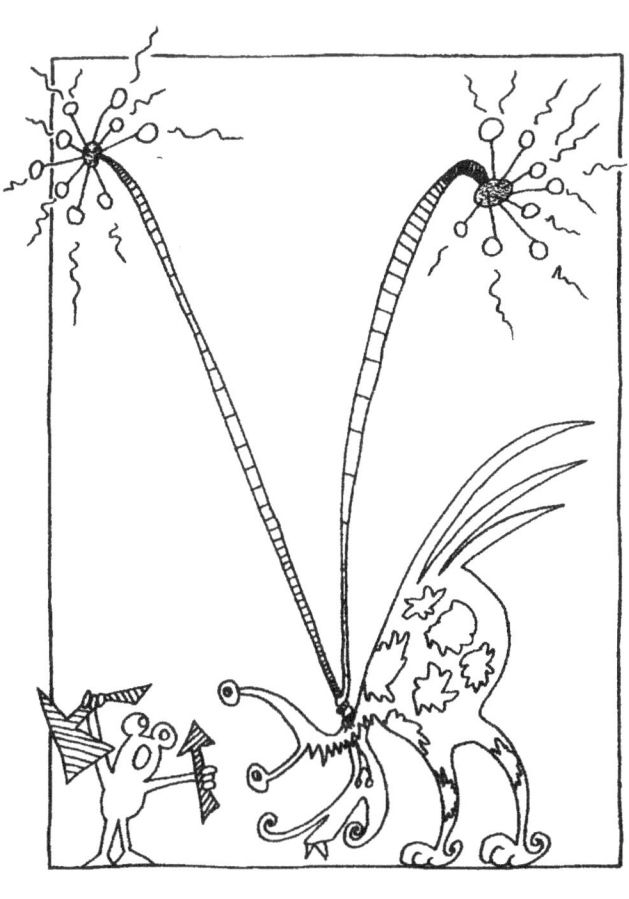
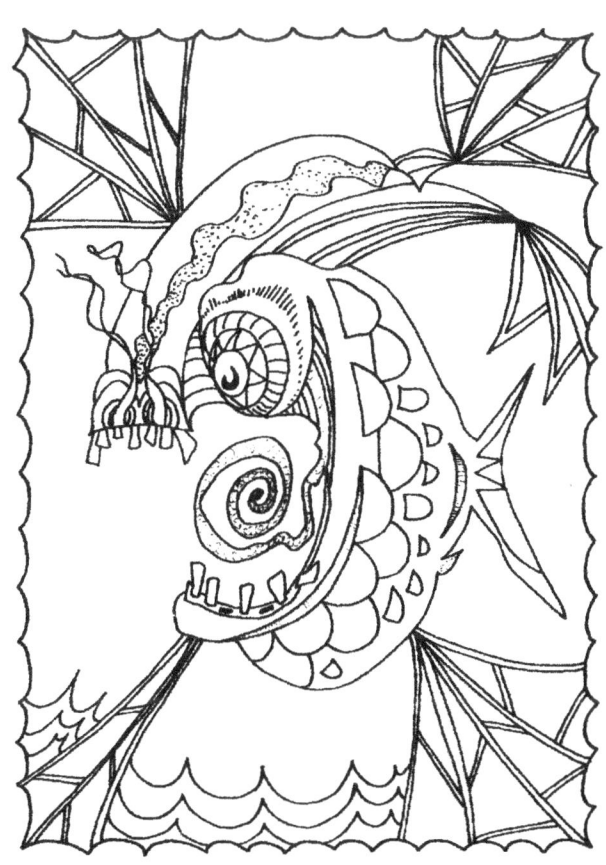

Creatura 3 - ©2017 Joan Worth

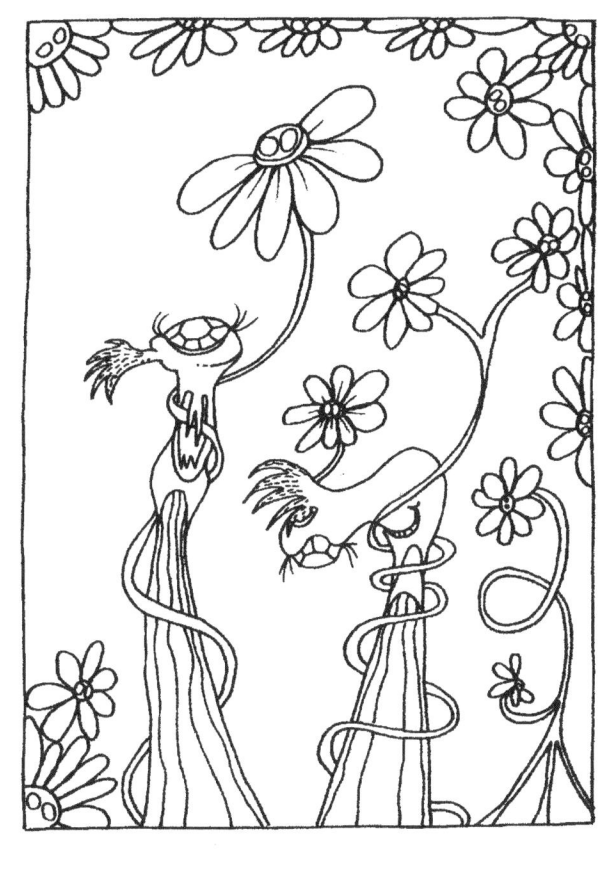
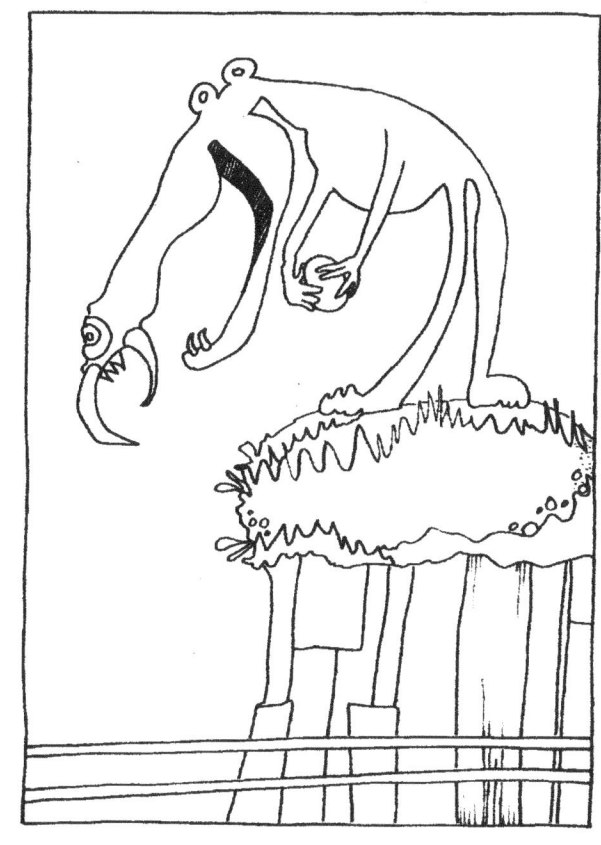
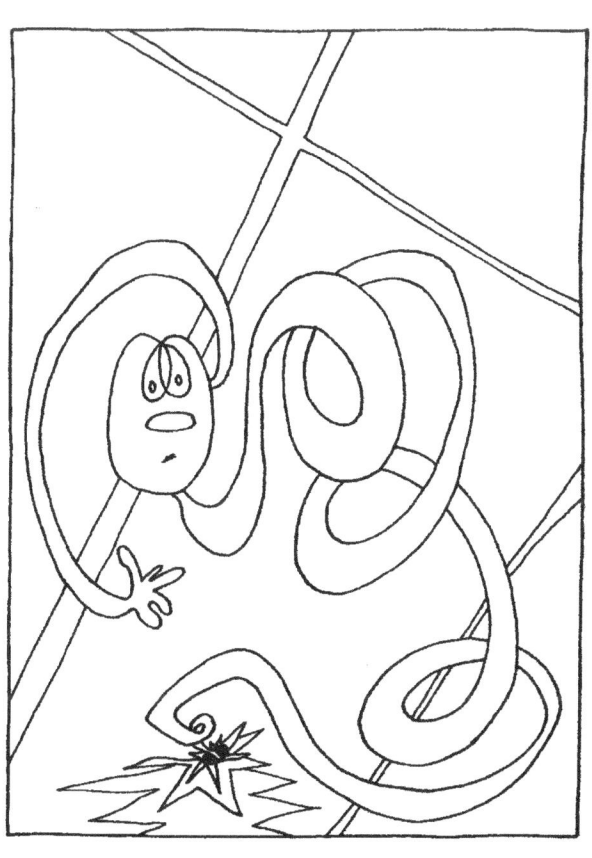
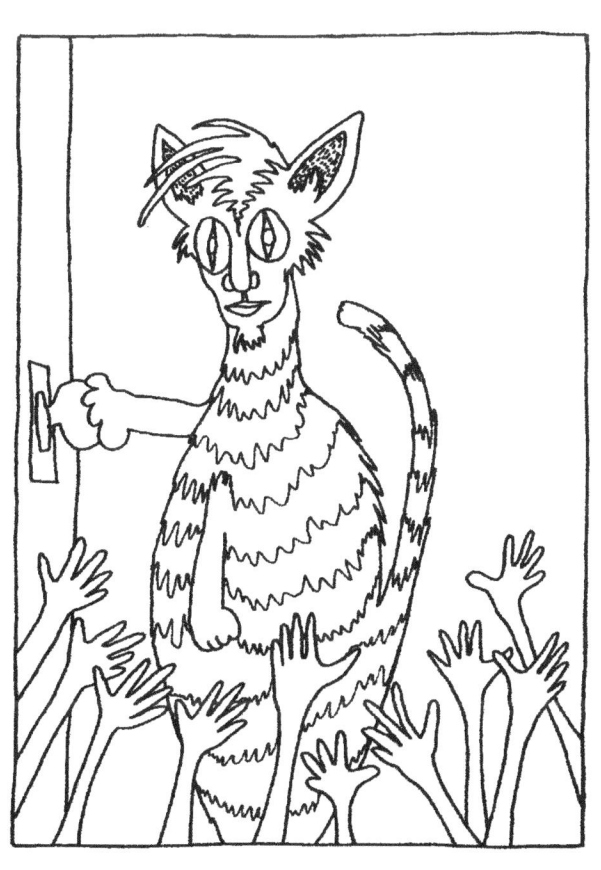

Creatura 3 - ©2017 Joan Worth

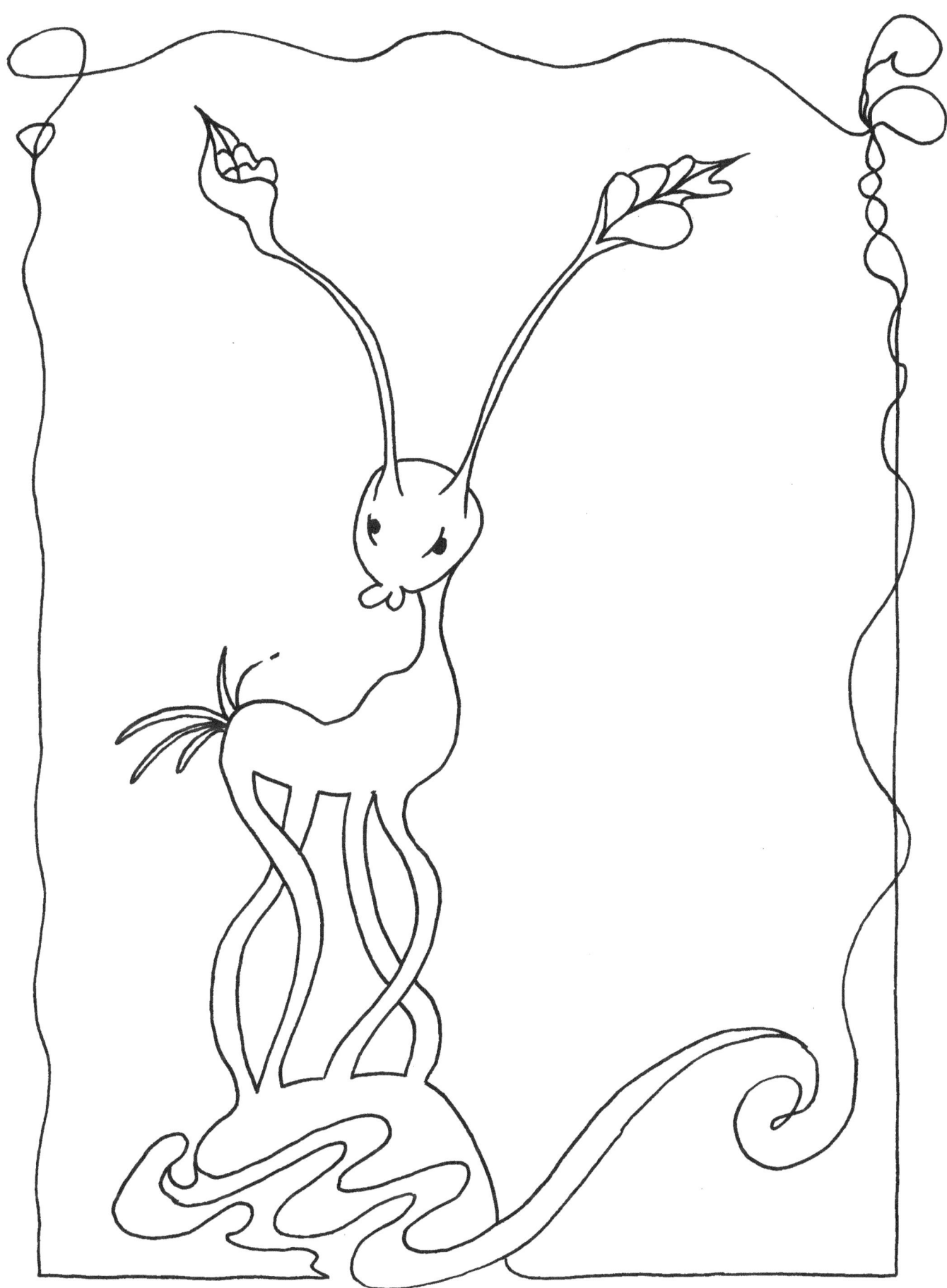

Creatura 3 - ©2017 Joan Worth

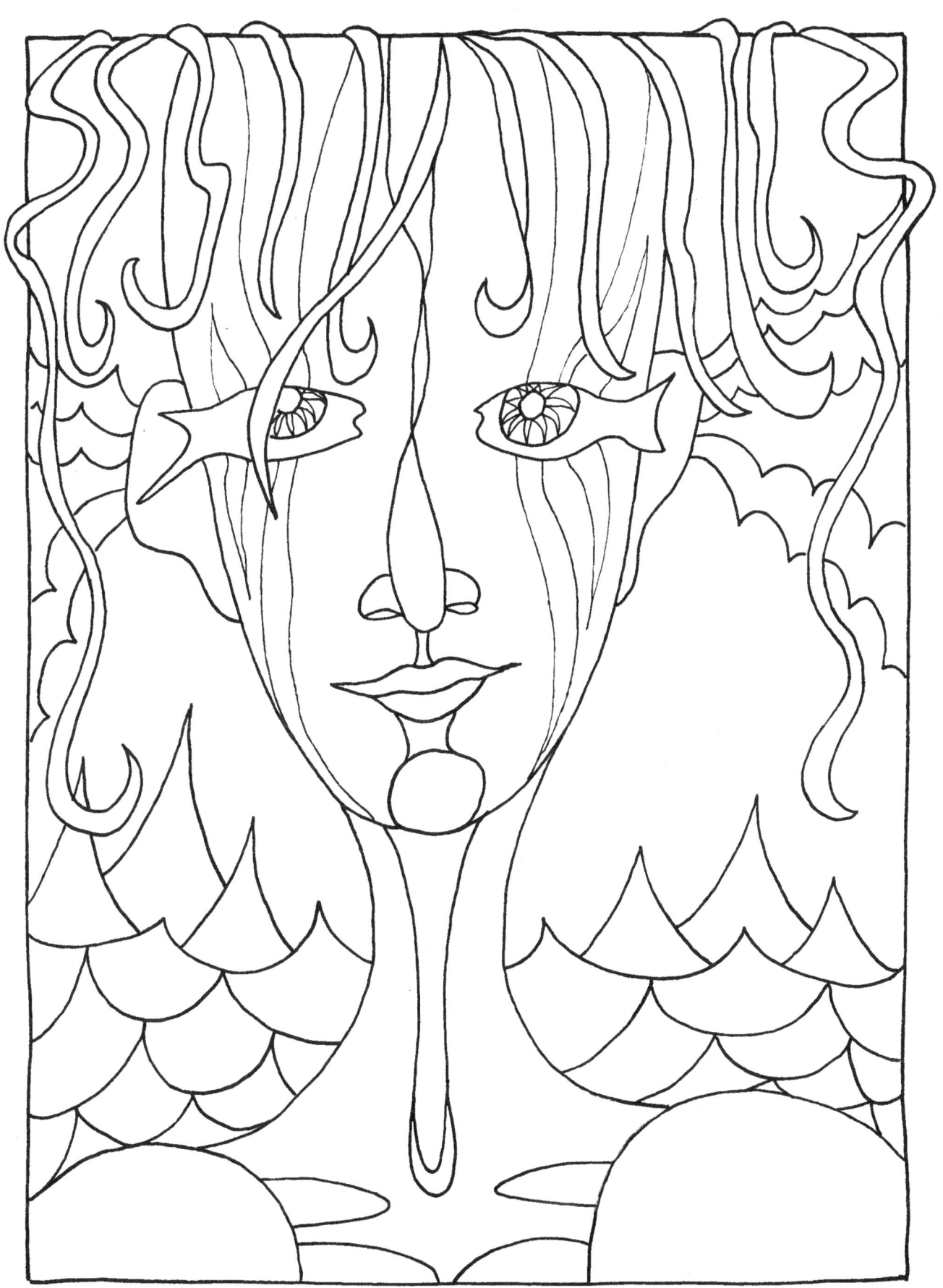

Creatura 3 - ©2017 Joan Worth

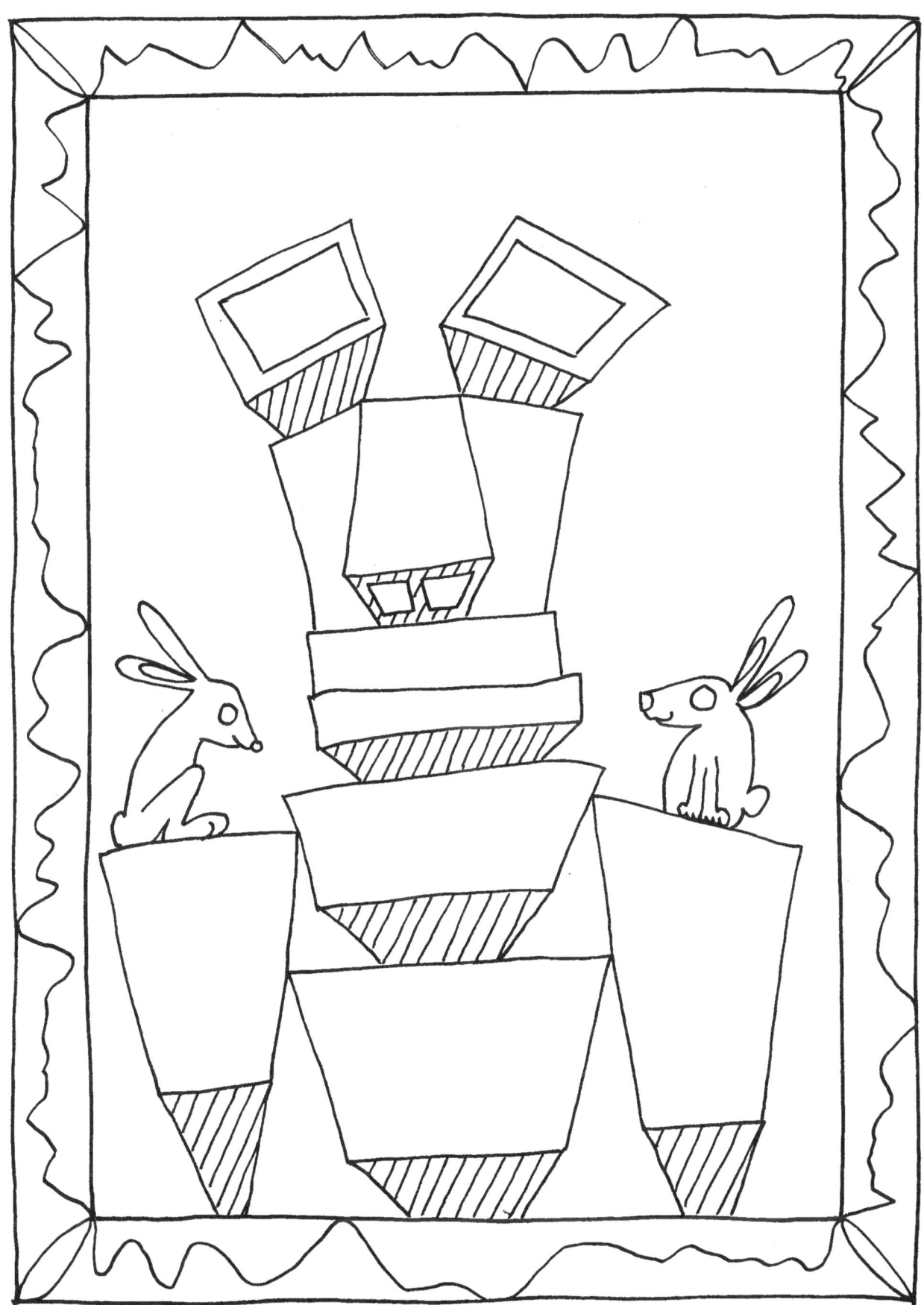

Creatura 3 - ©2017 Joan Worth

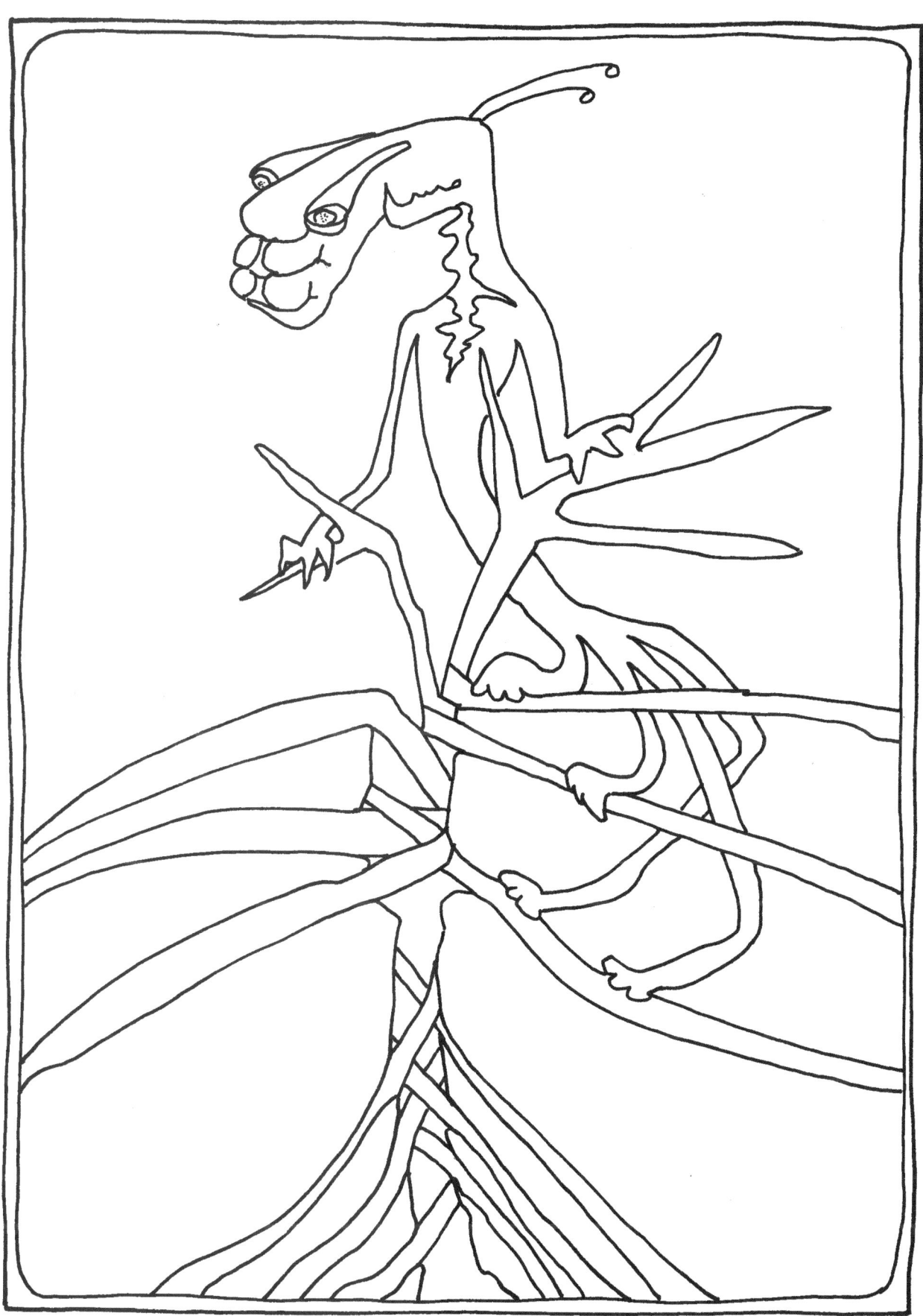

Creatura 3 - ©2017 Joan Worth

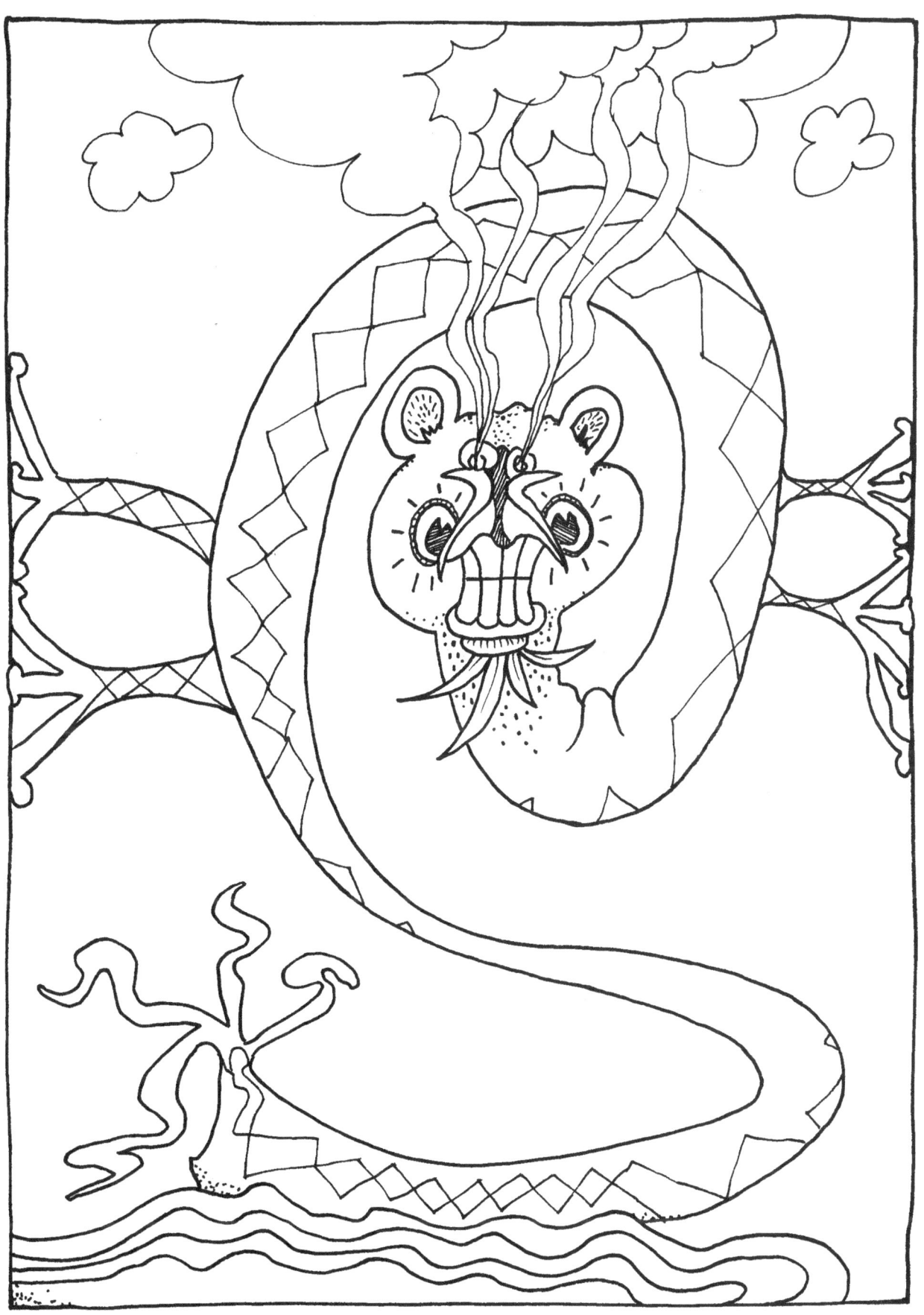

Creatura 3 - ©2017 Joan Worth

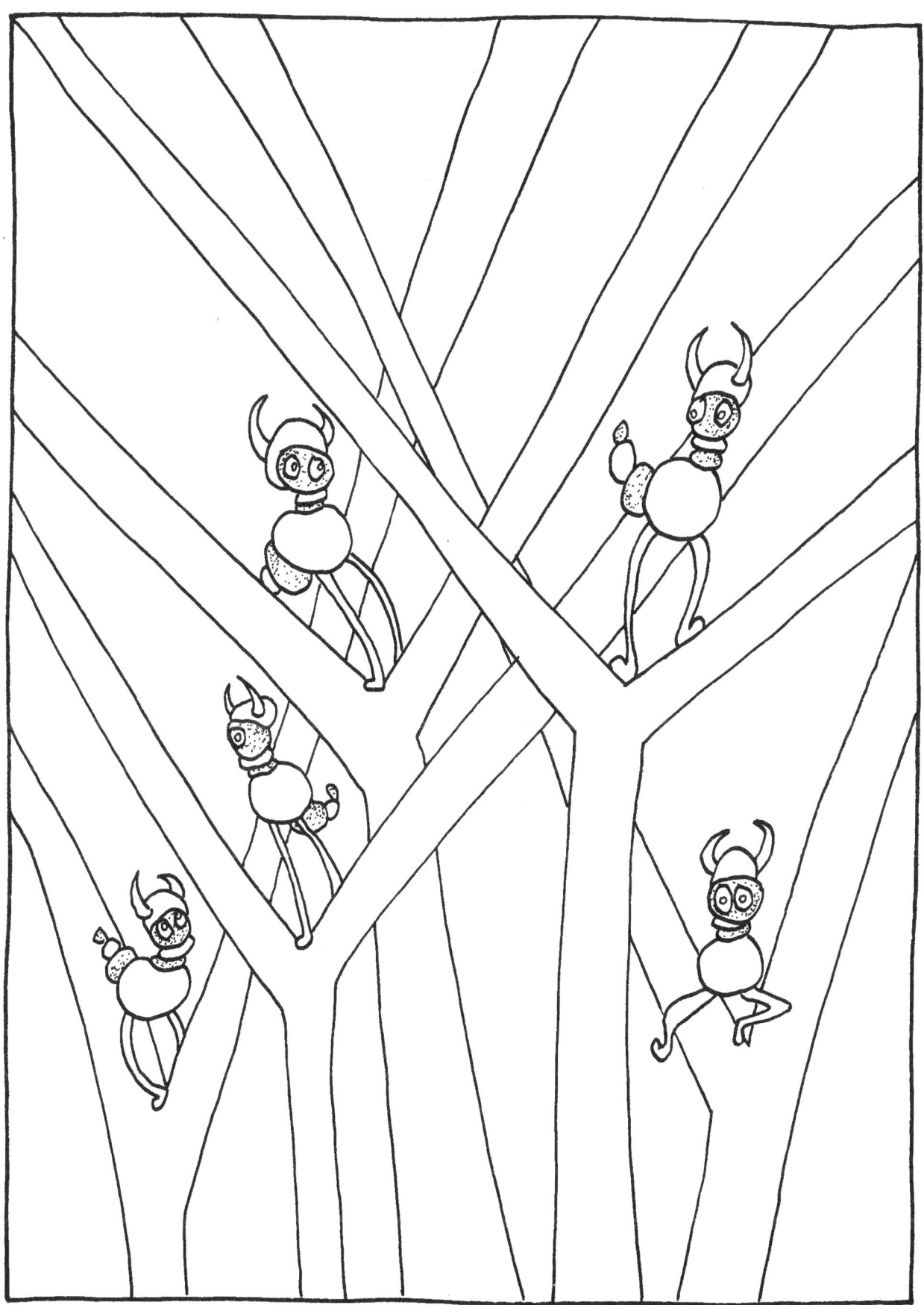

Creatura 3 - ©2017 Joan Worth

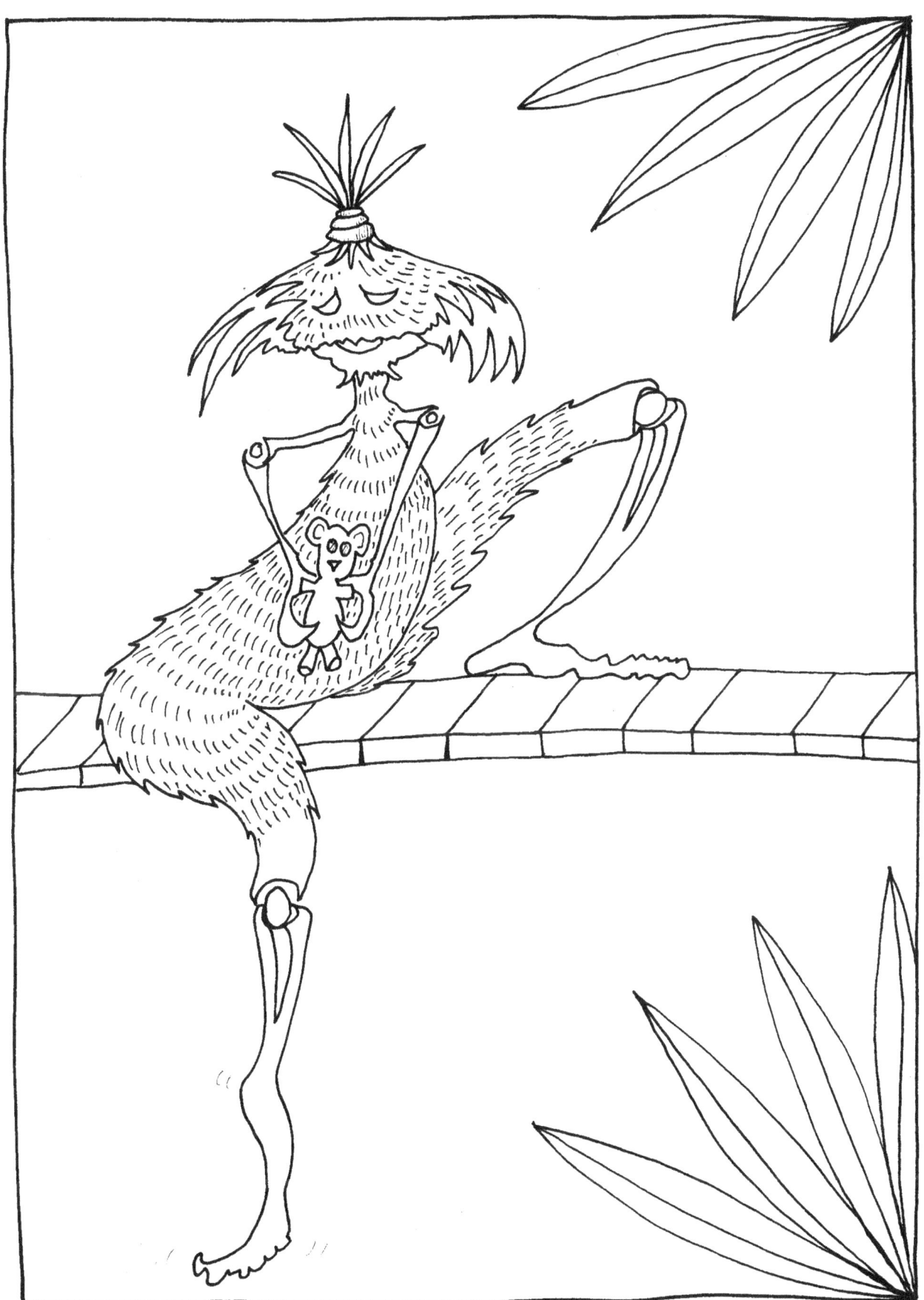

Creatura 3 - ©2017 Joan Worth

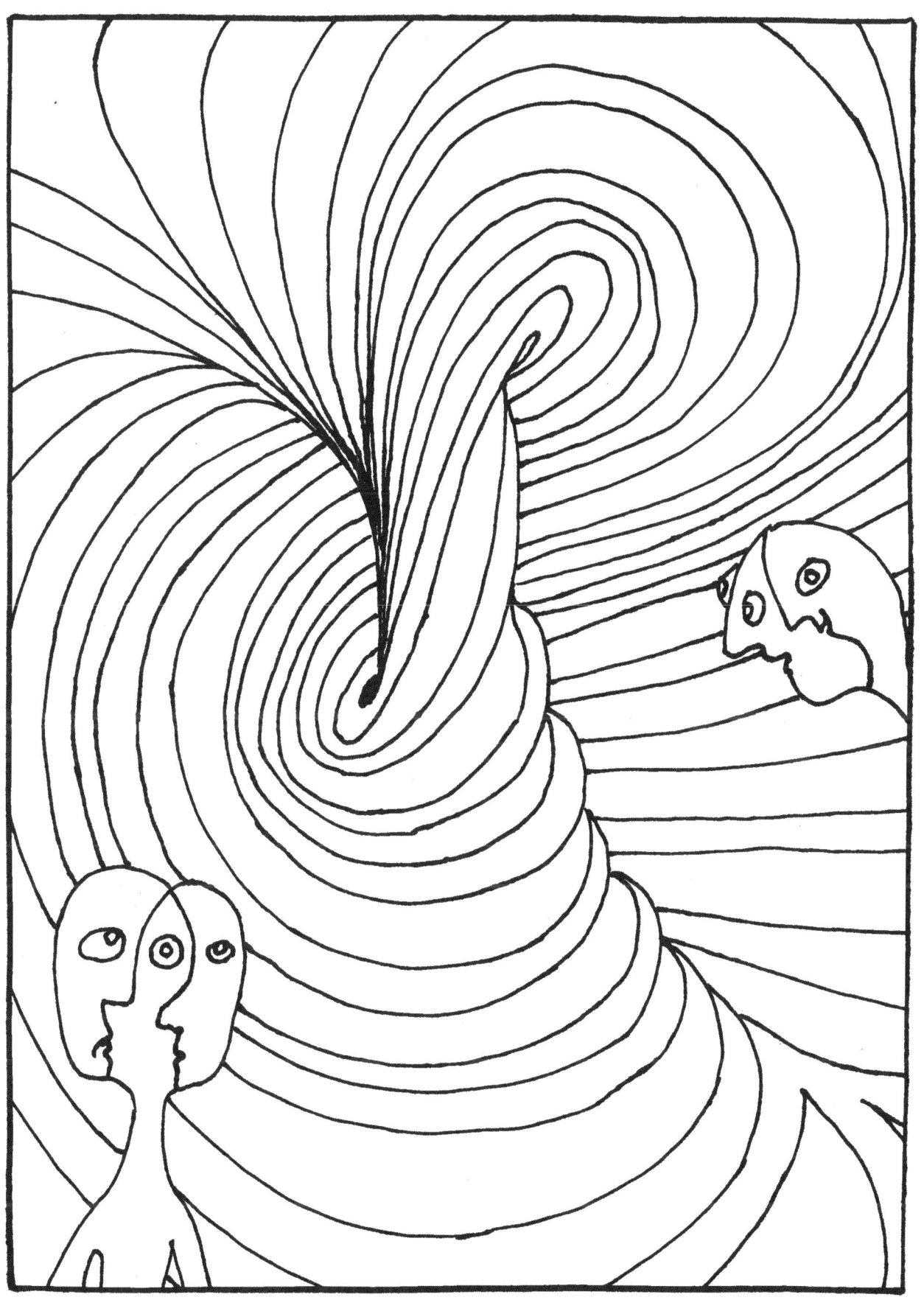

Creatura 3 - ©2017 Joan Worth

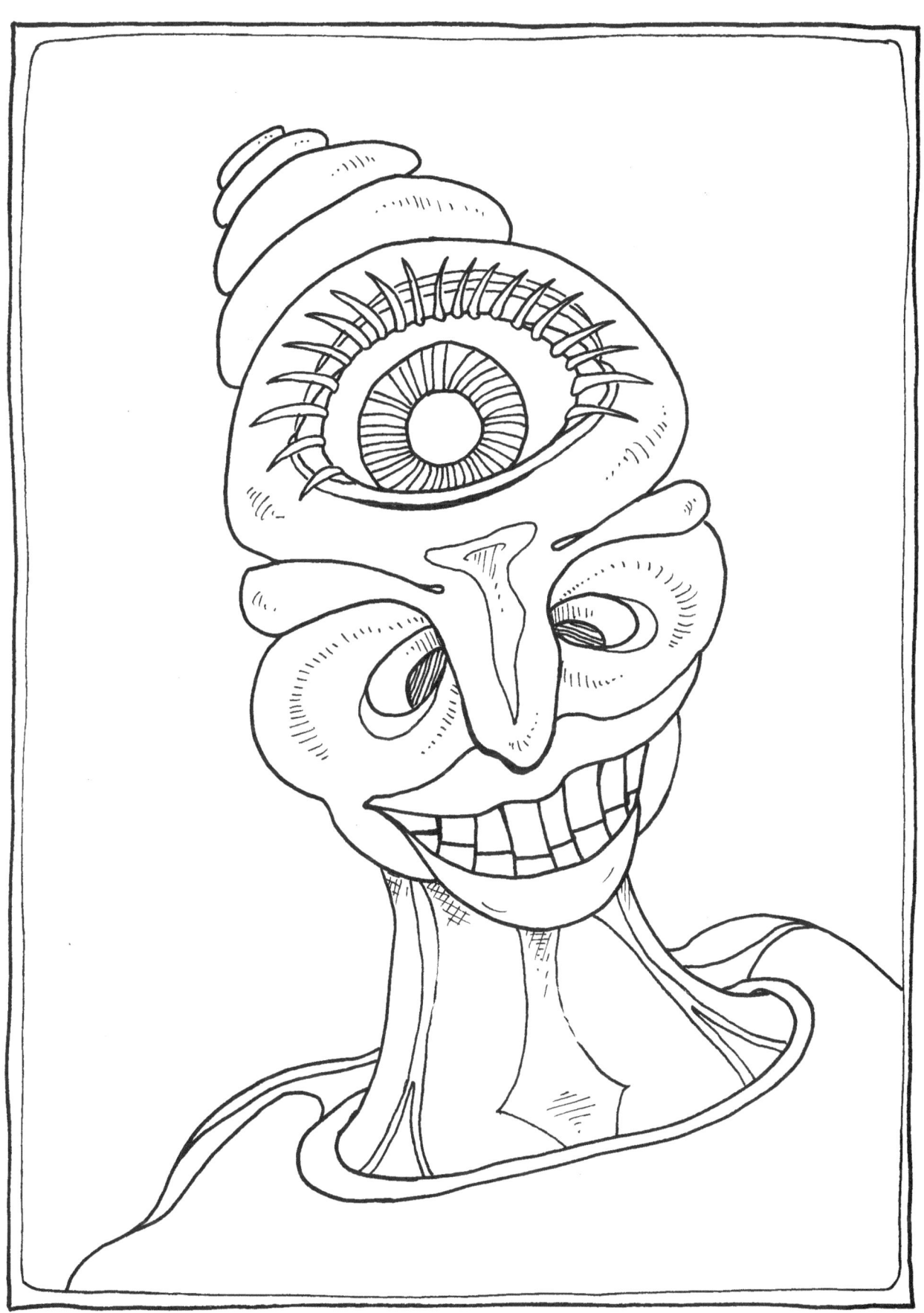

Creatura 3 - ©2017 Joan Worth

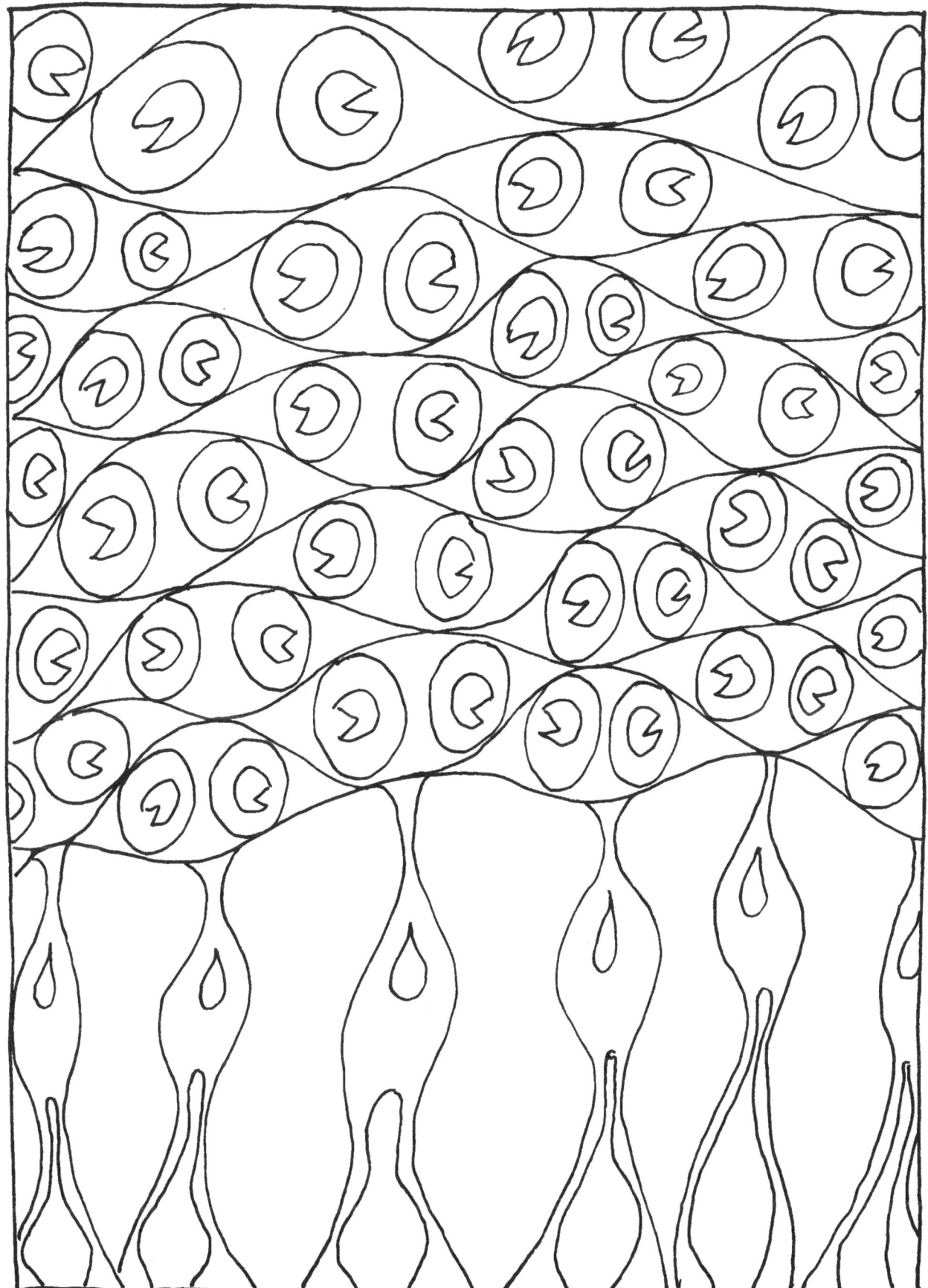

Creatura 3 - ©2017 Joan Worth

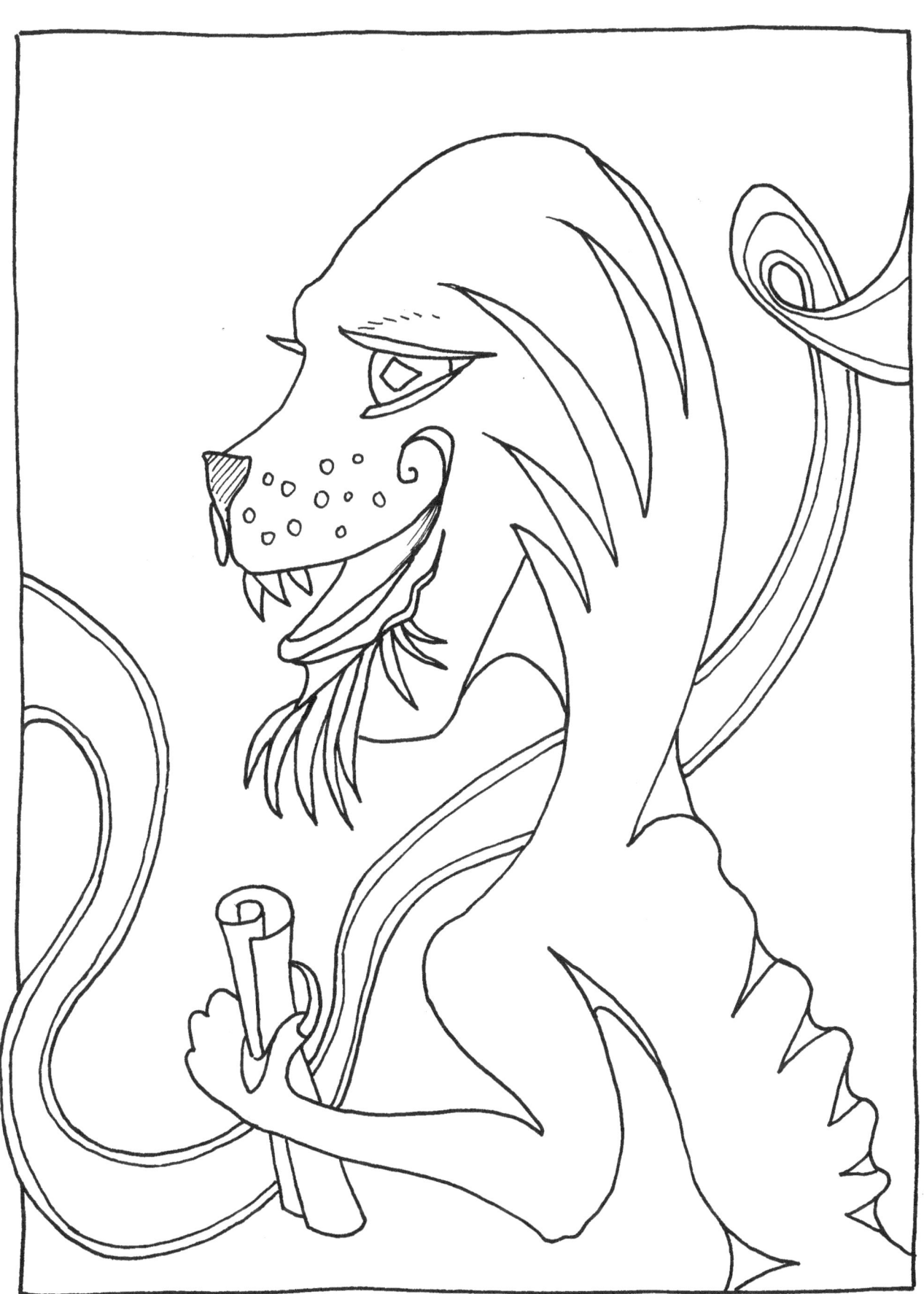

Creatura 3 - ©2017 Joan Worth

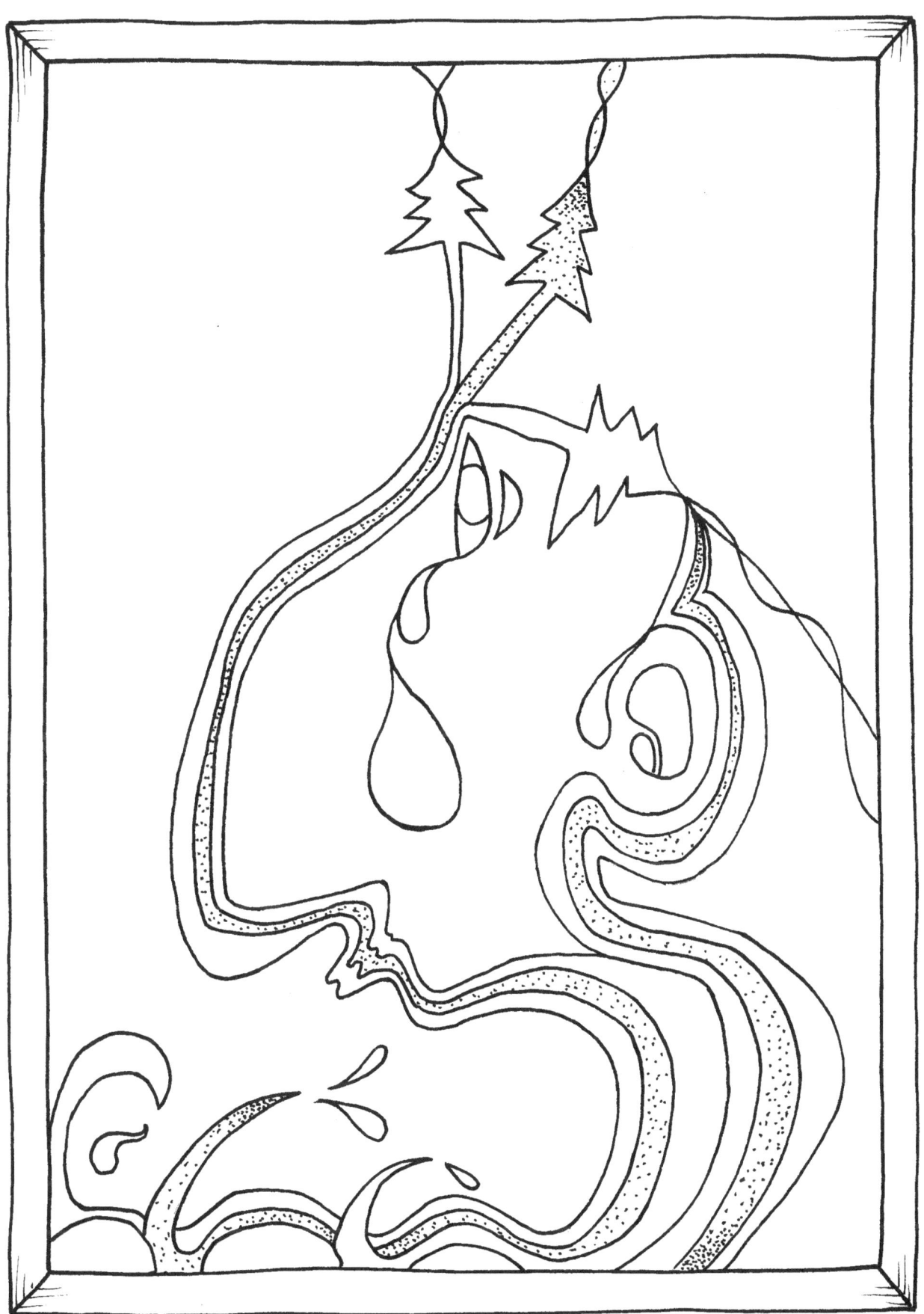

Creatura 3 - ©2017 Joan Worth

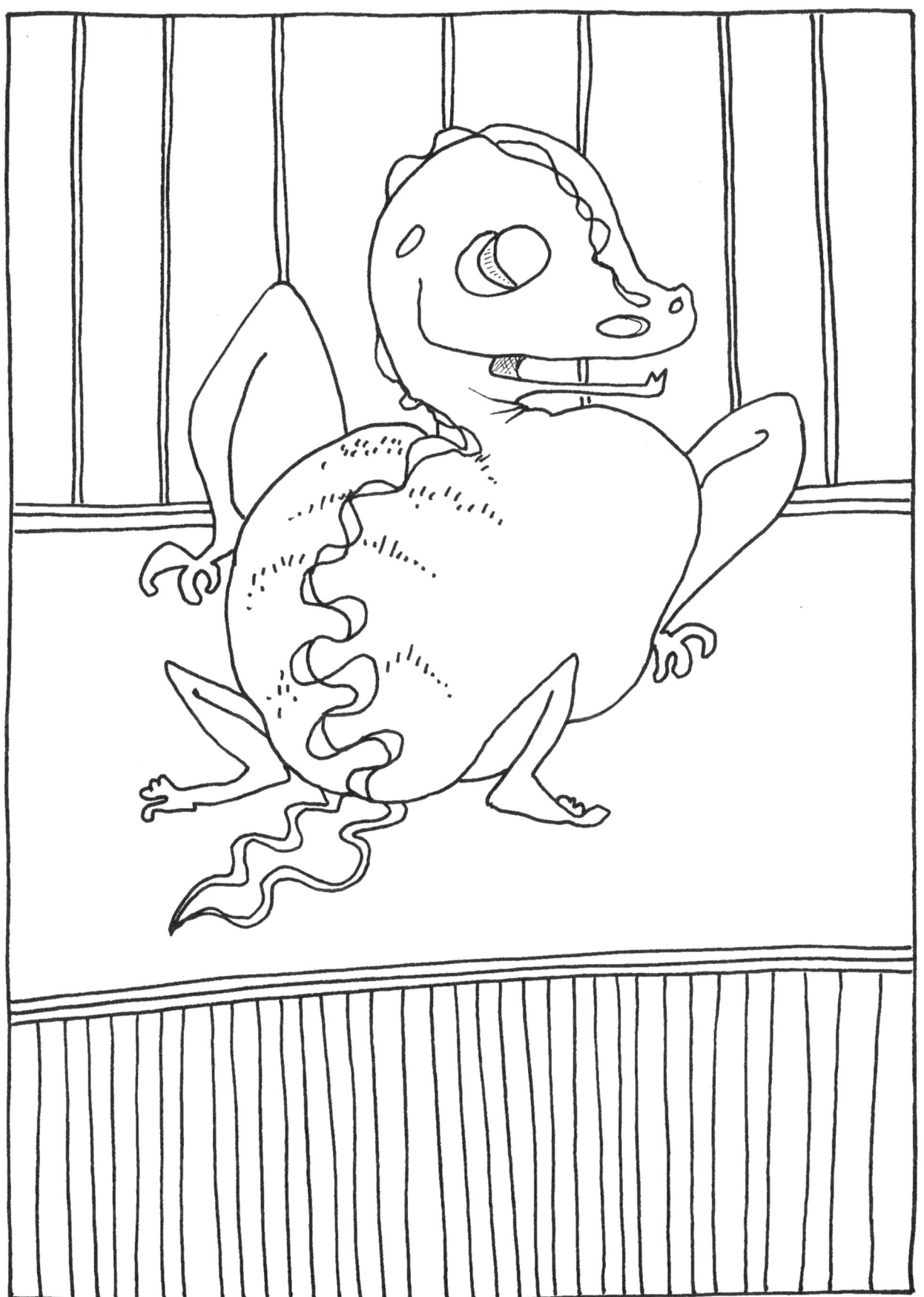

Creatura 3 - ©2017 Joan Worth

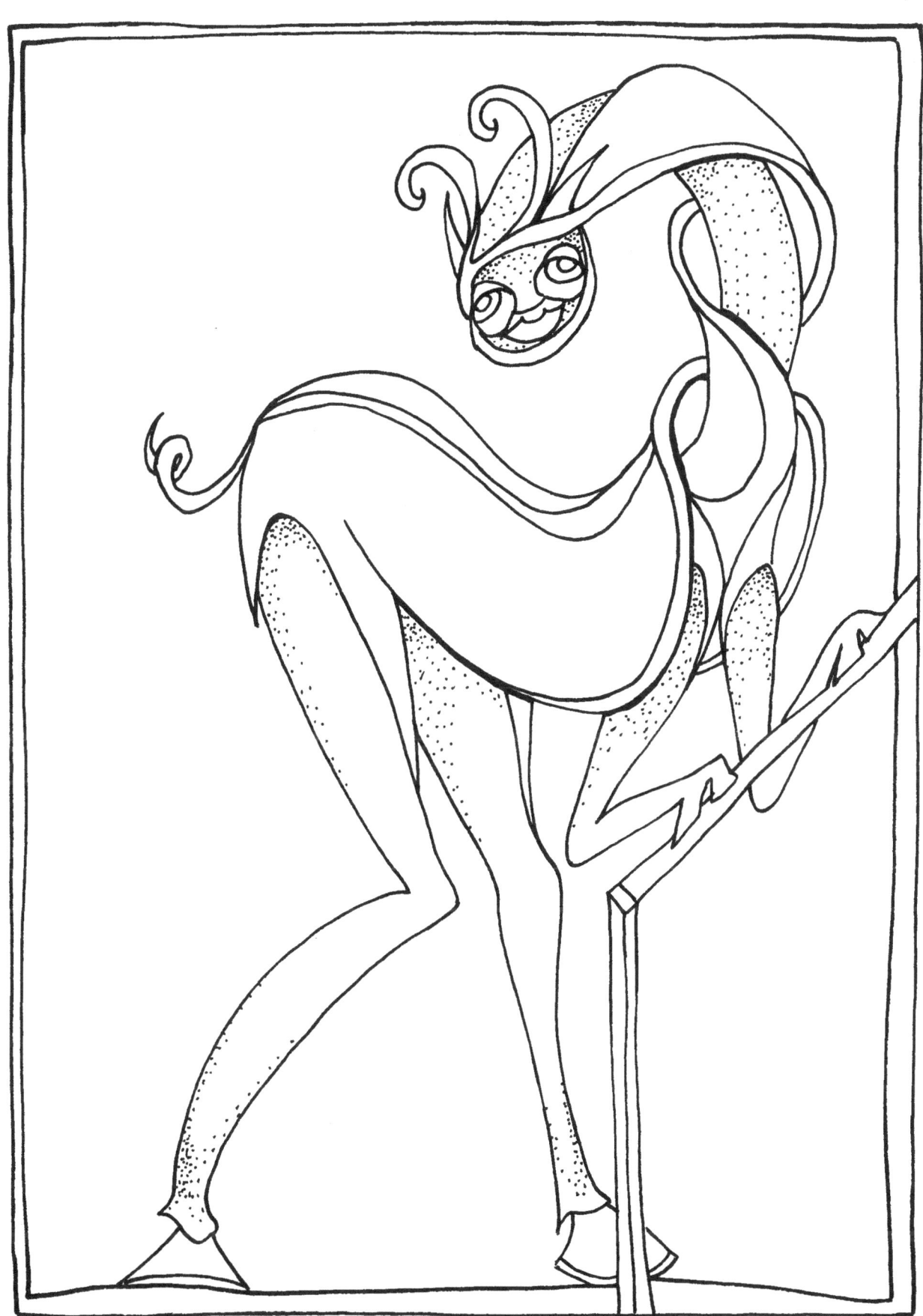

Creatura 3 - ©2017 Joan Worth

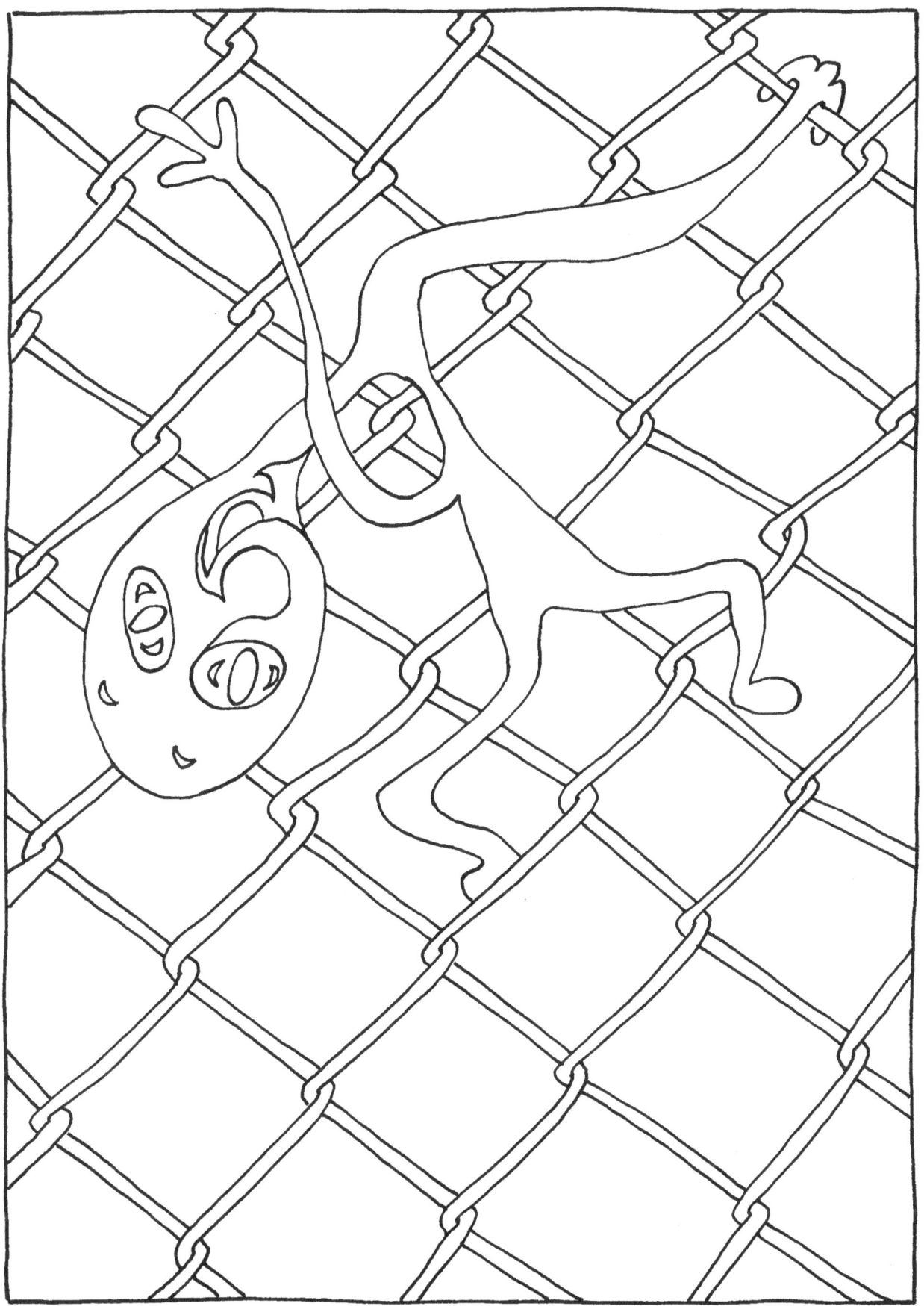

Creatura 3 - ©2017 Joan Worth

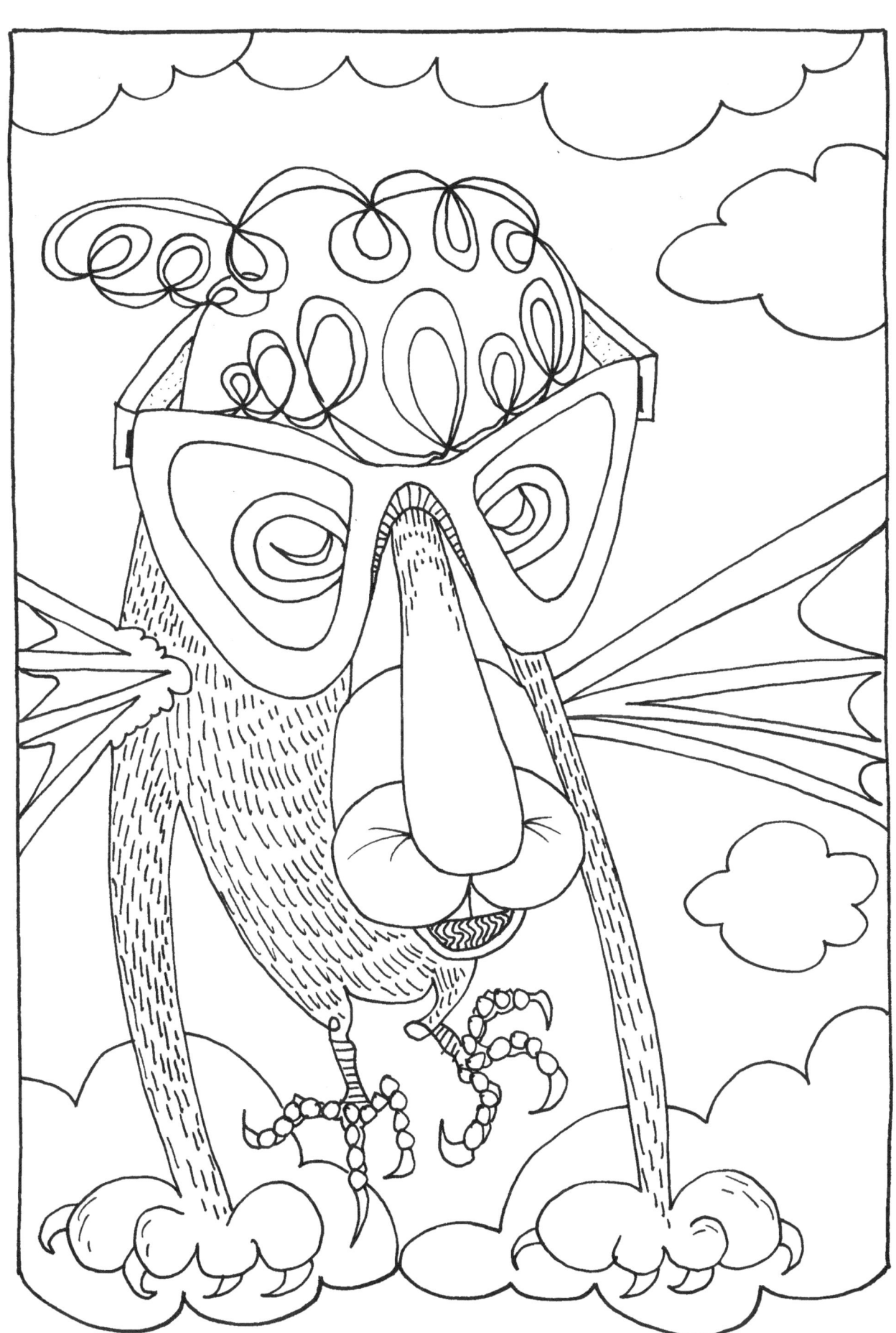

Creatura 3 - ©2017 Joan Worth

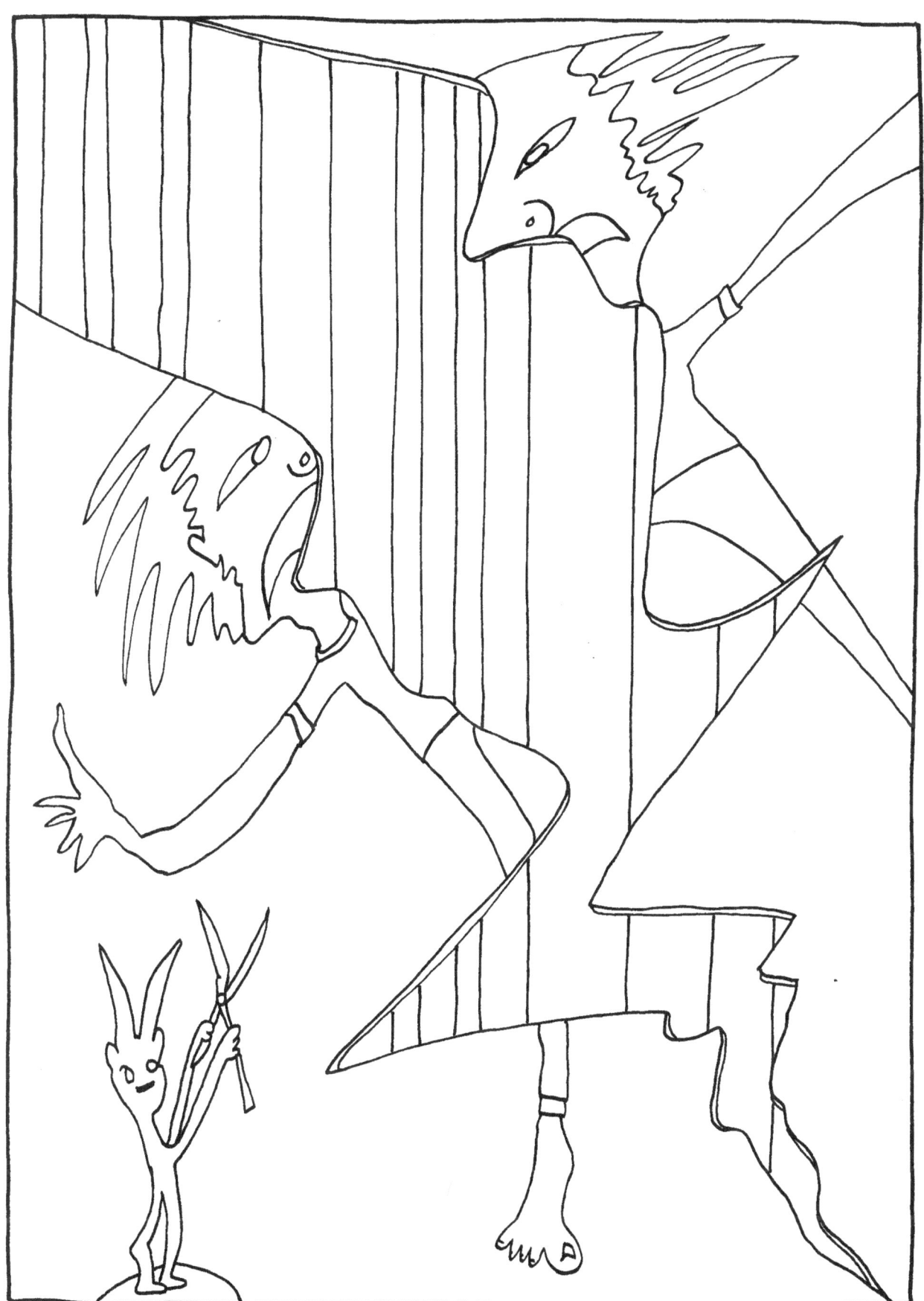

Creatura 3 - ©2017 Joan Worth

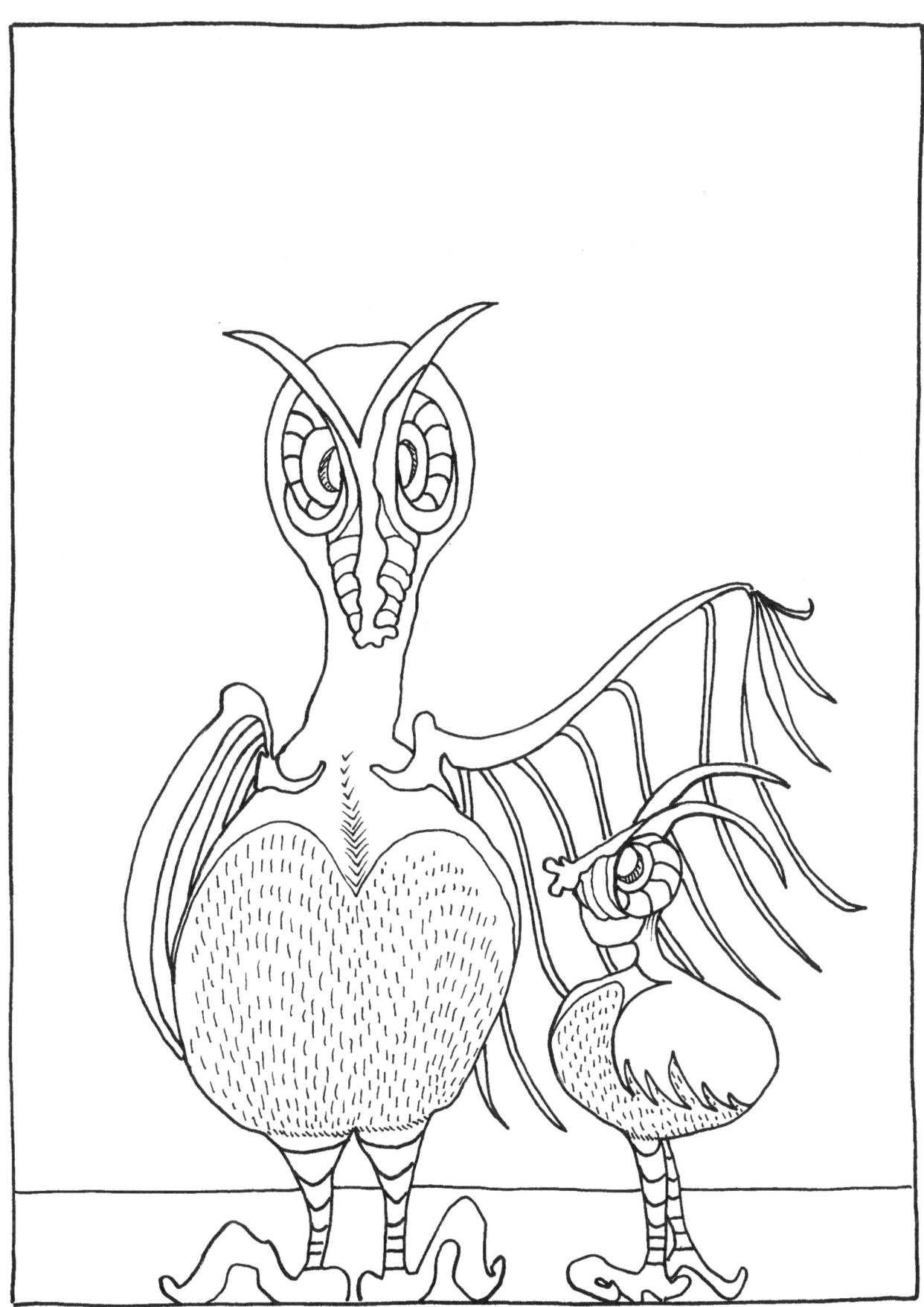

Creatura 3 - ©2017 Joan Worth

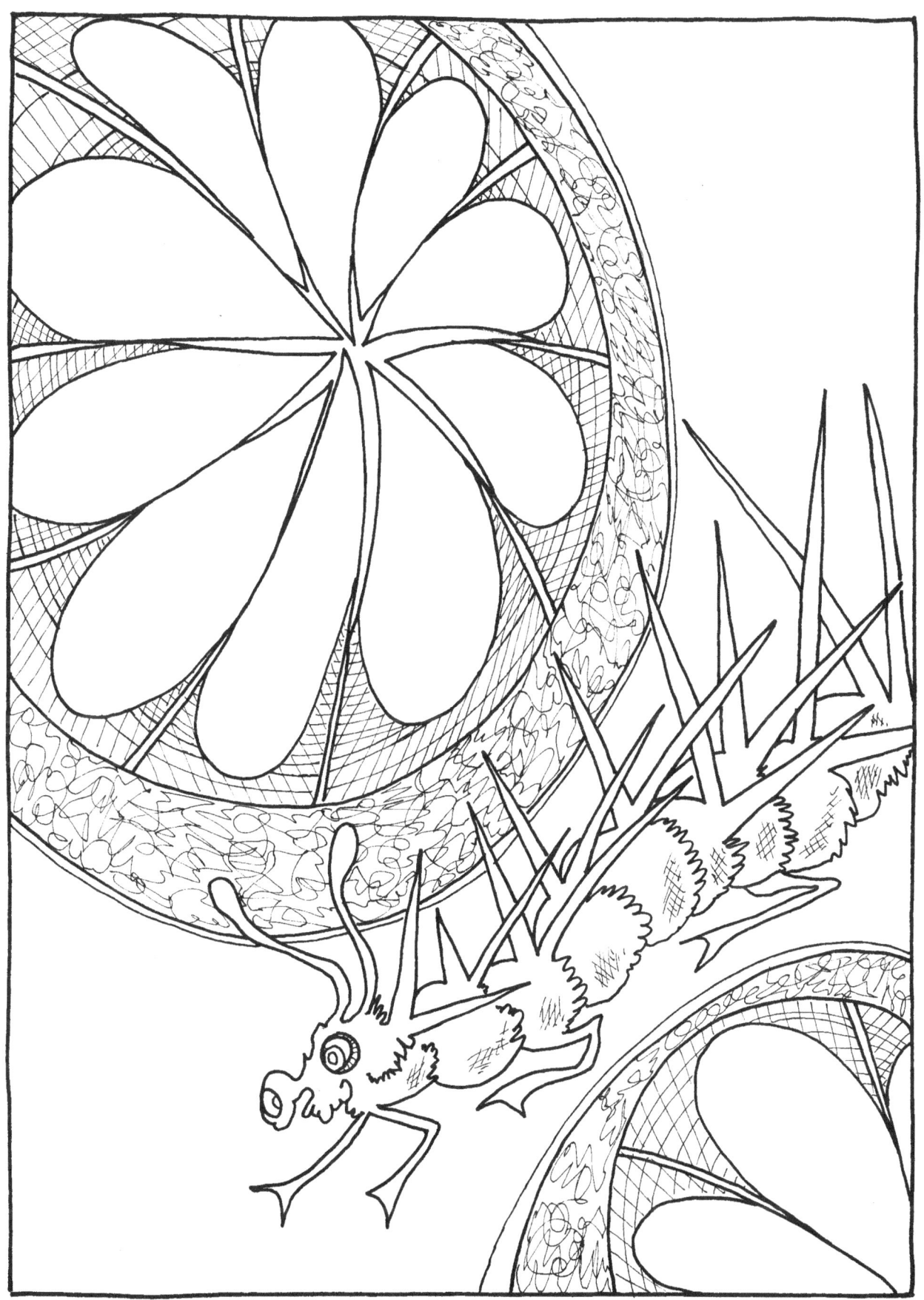

Creatura 3 - ©2017 Joan Worth

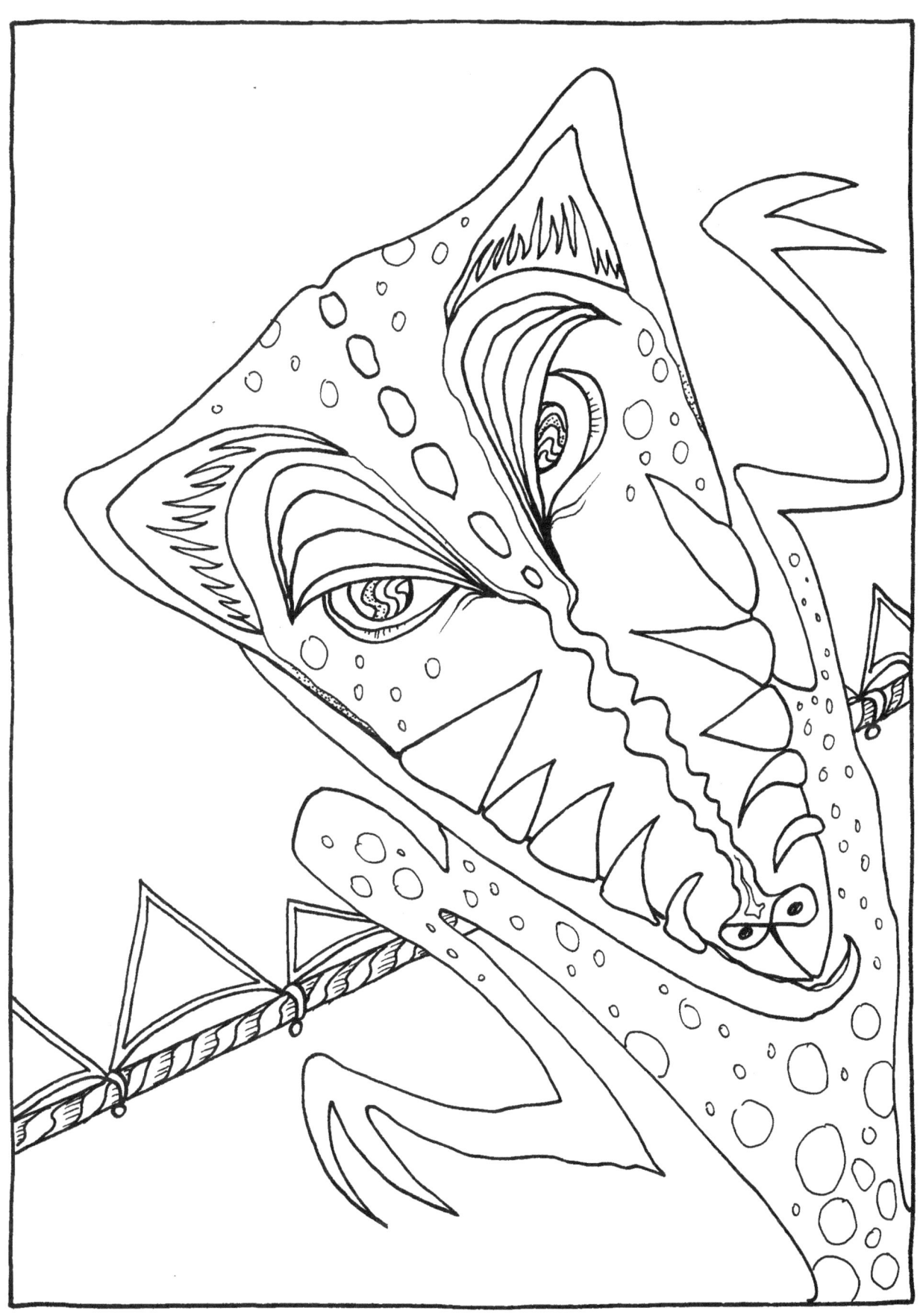

Creatura 3 - ©2017 Joan Worth

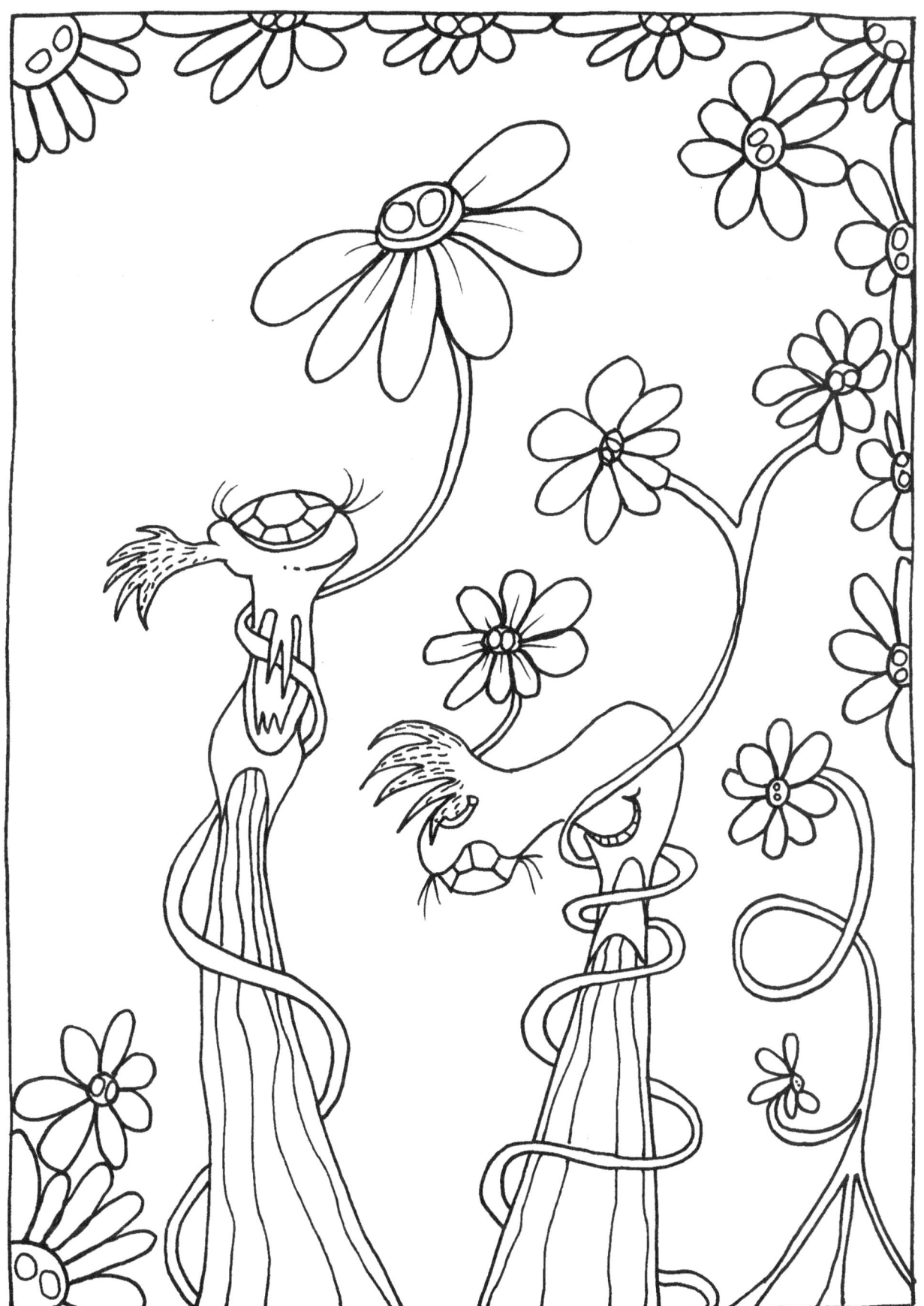

Creatura 3 - ©2017 Joan Worth

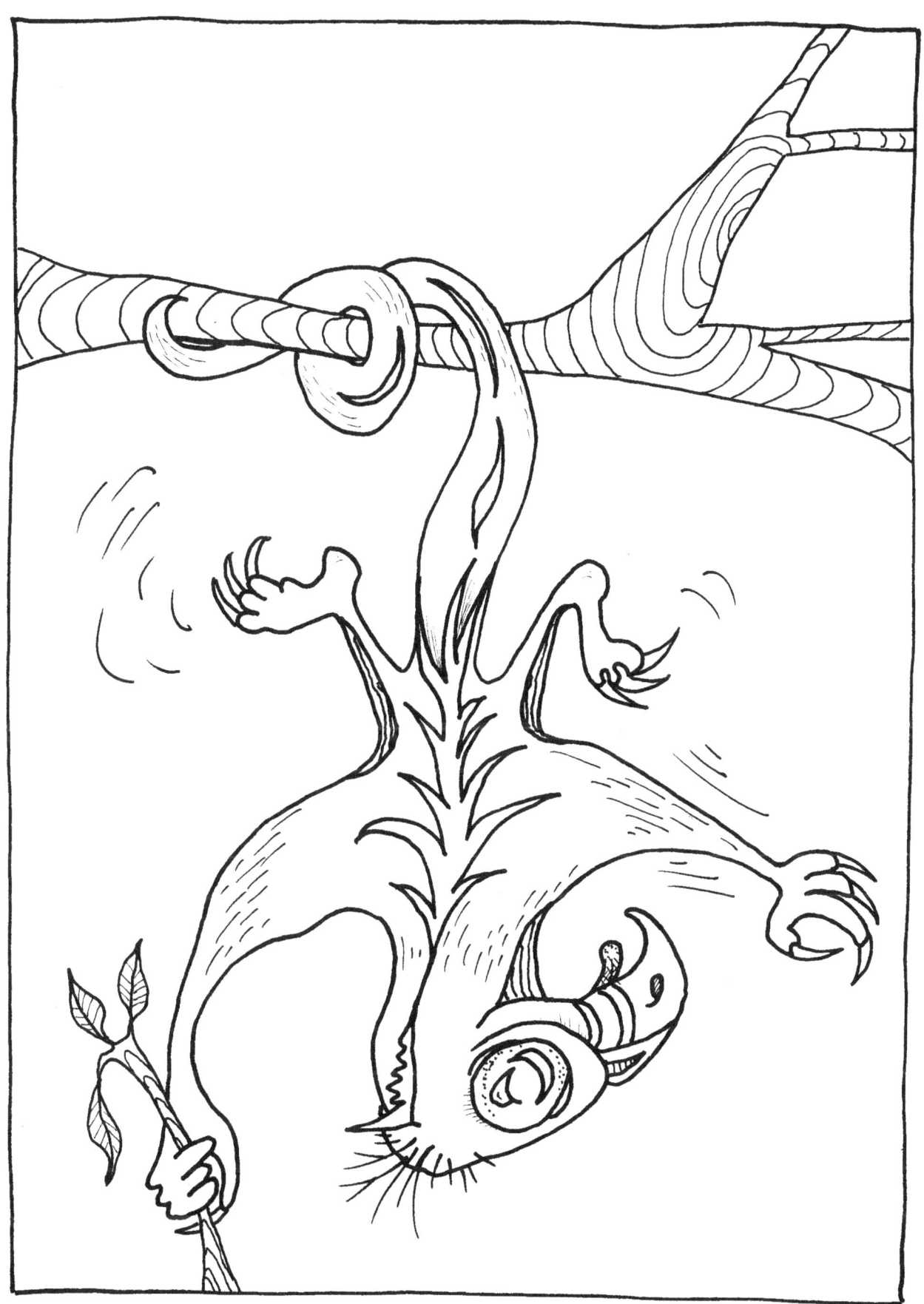

Creatura 3 - ©2017 Joan Worth

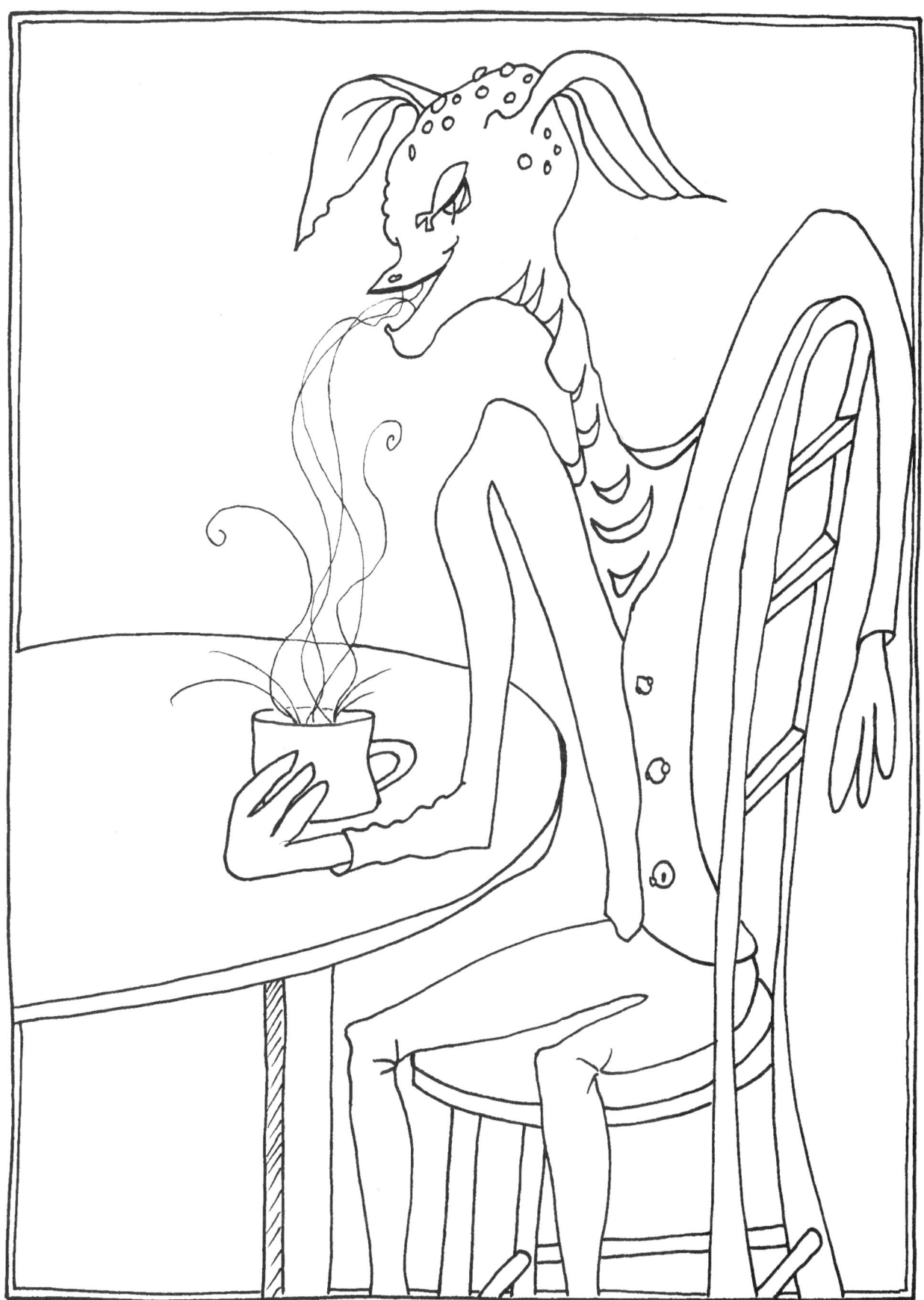

Creatura 3 - ©2017 Joan Worth

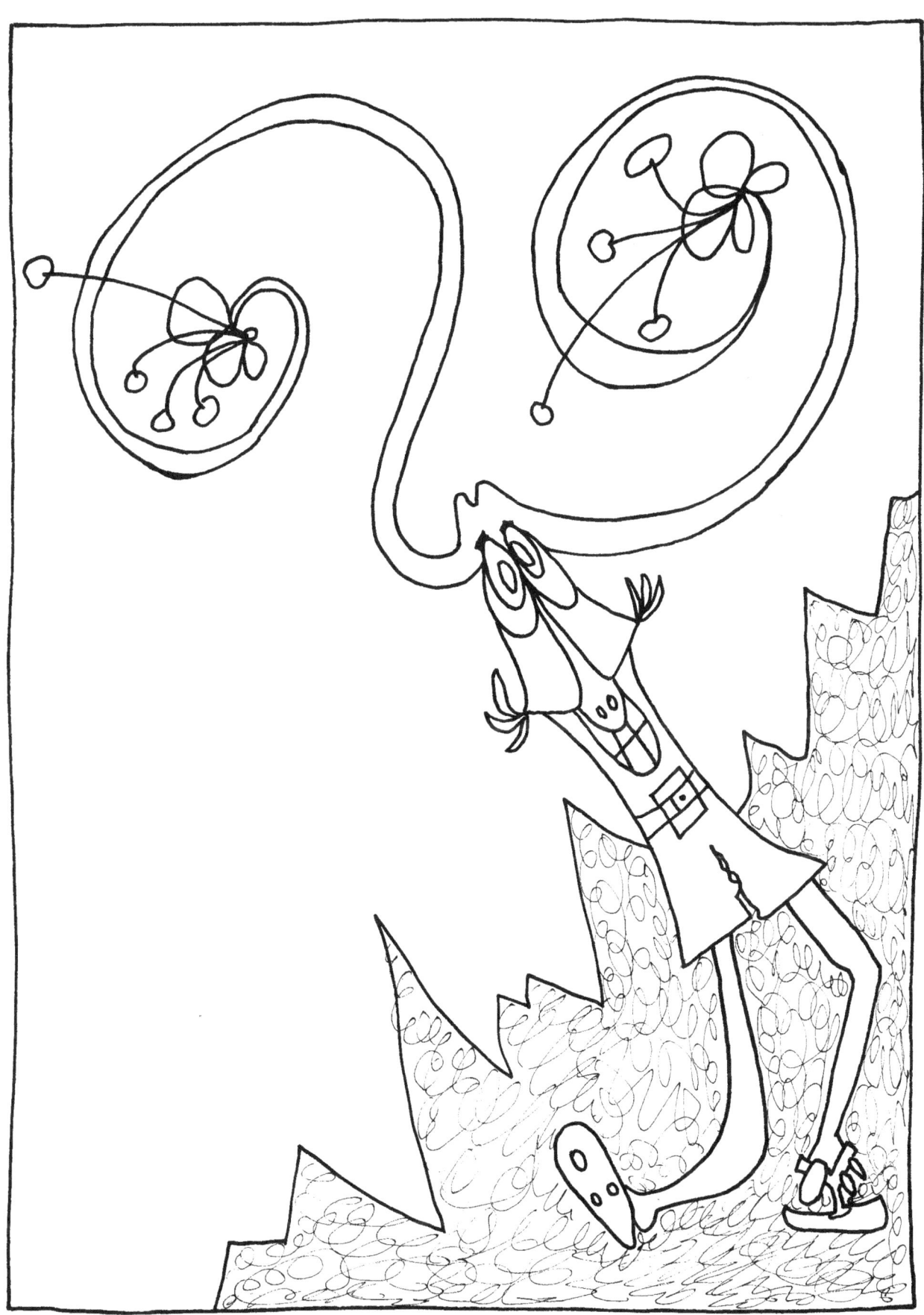

Creatura 3 - ©2017 Joan Worth

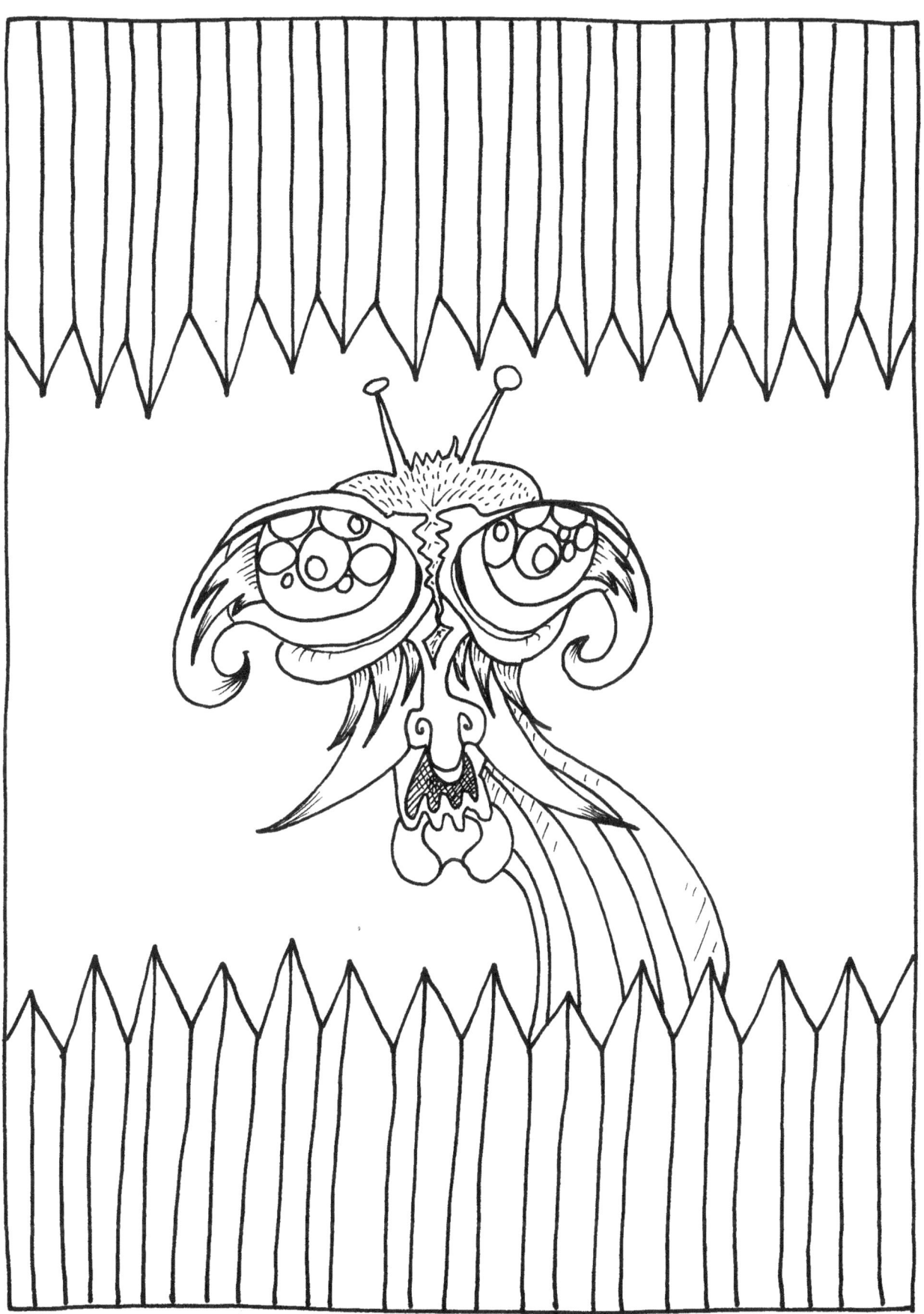

Creatura 3 - ©2017 Joan Worth

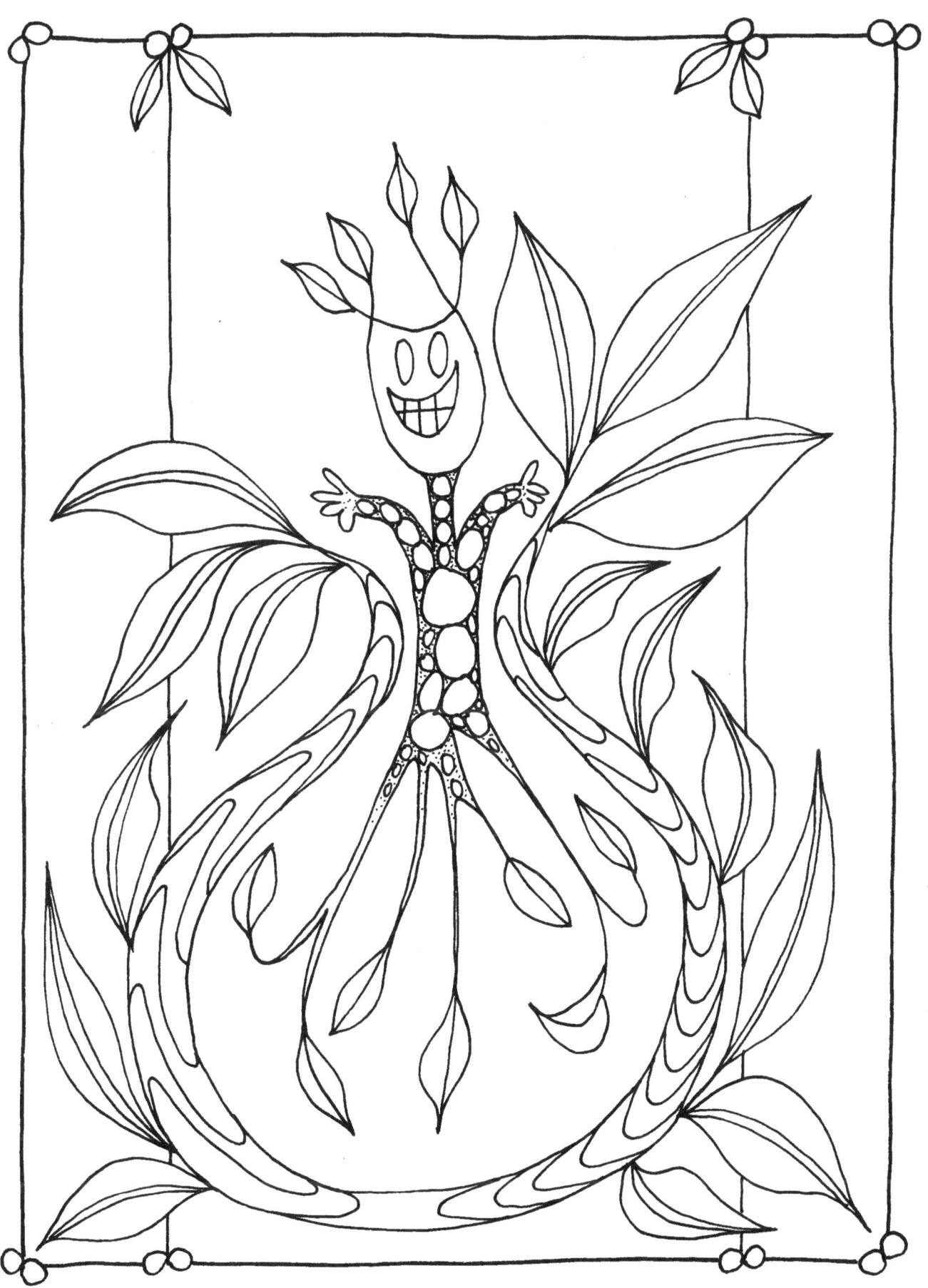

Creatura 3 - ©2017 Joan Worth

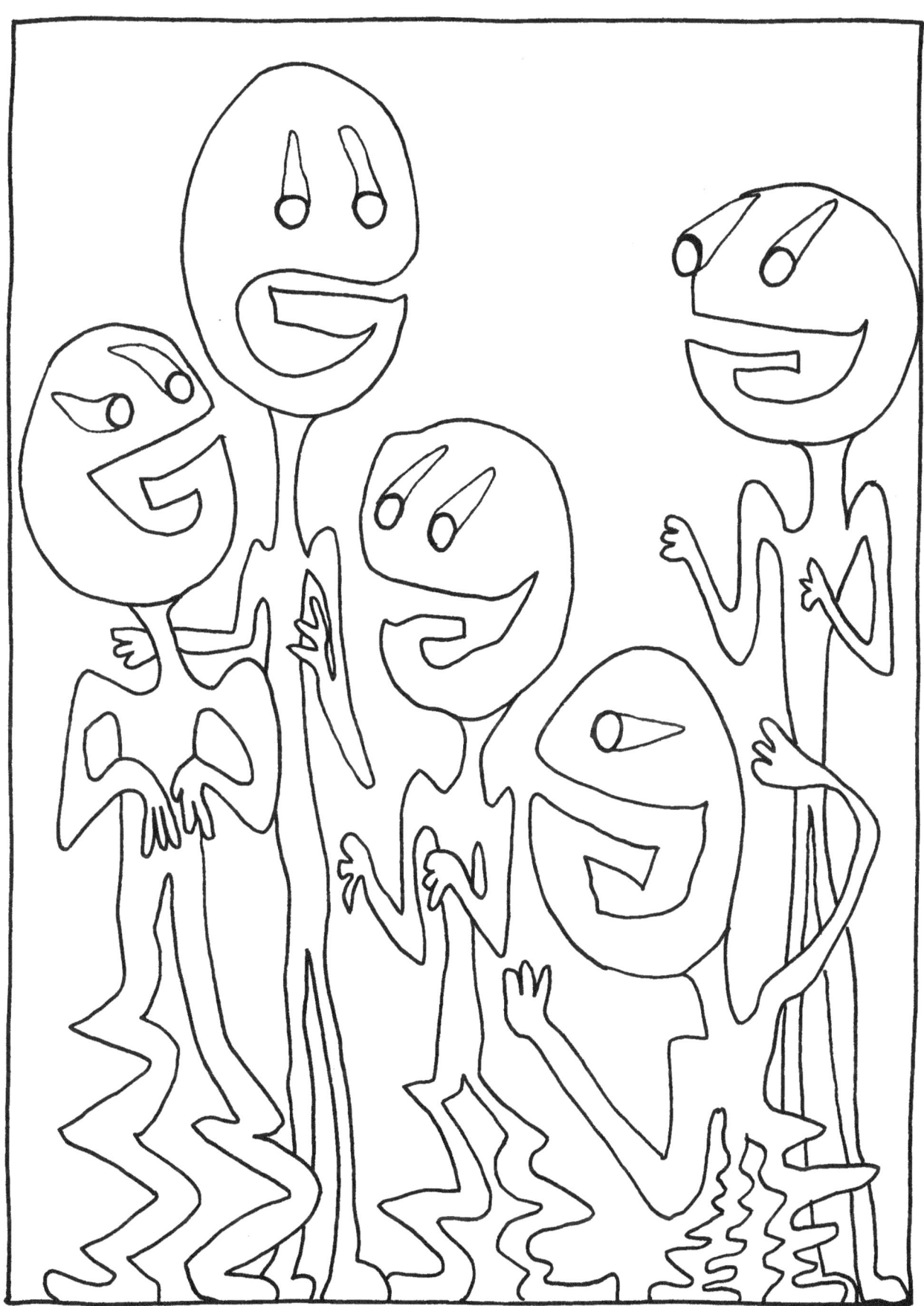

Creatura 3 - ©2017 Joan Worth

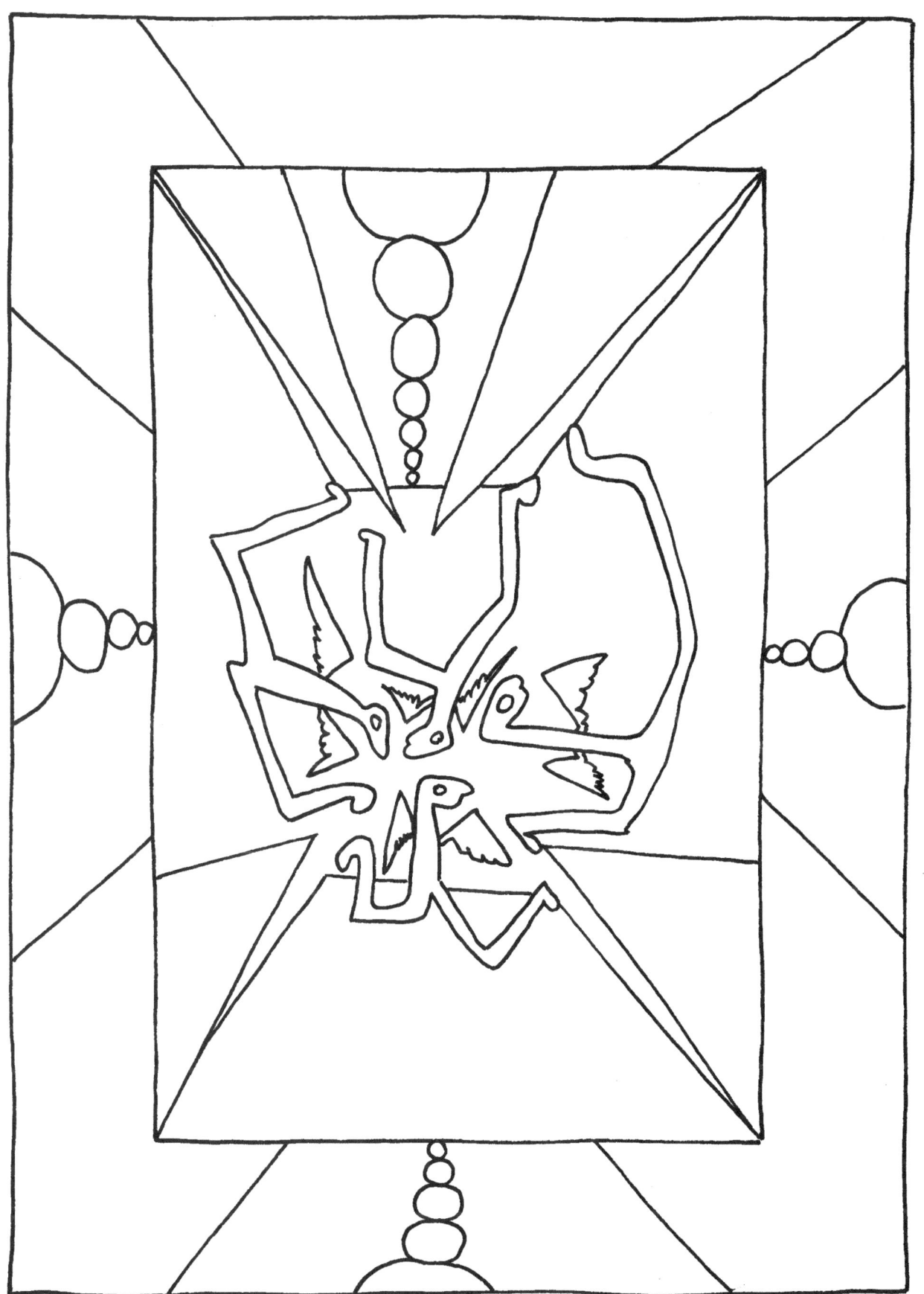

Creatura 3 - ©2017 Joan Worth

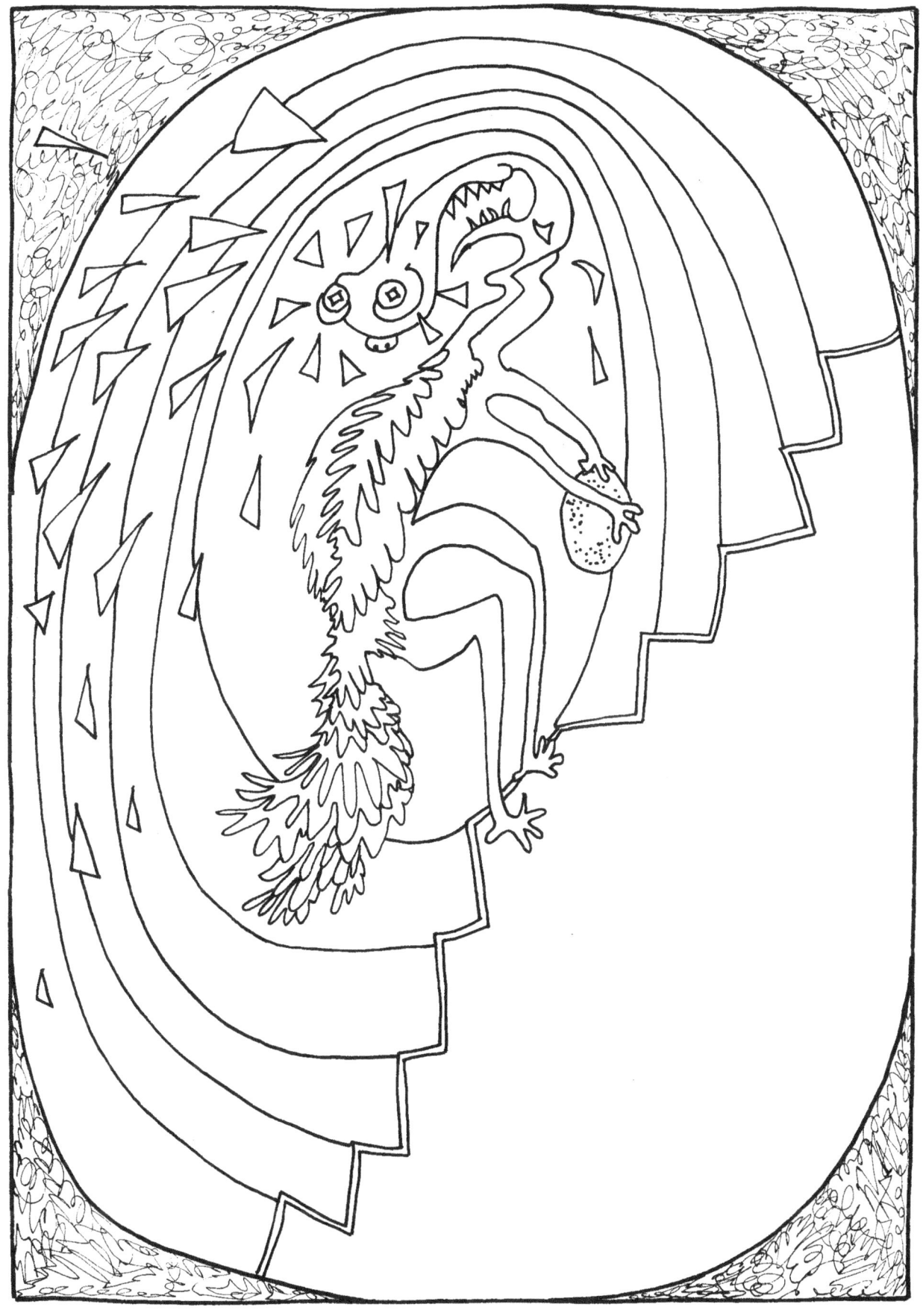

Creatura 3 - ©2017 Joan Worth

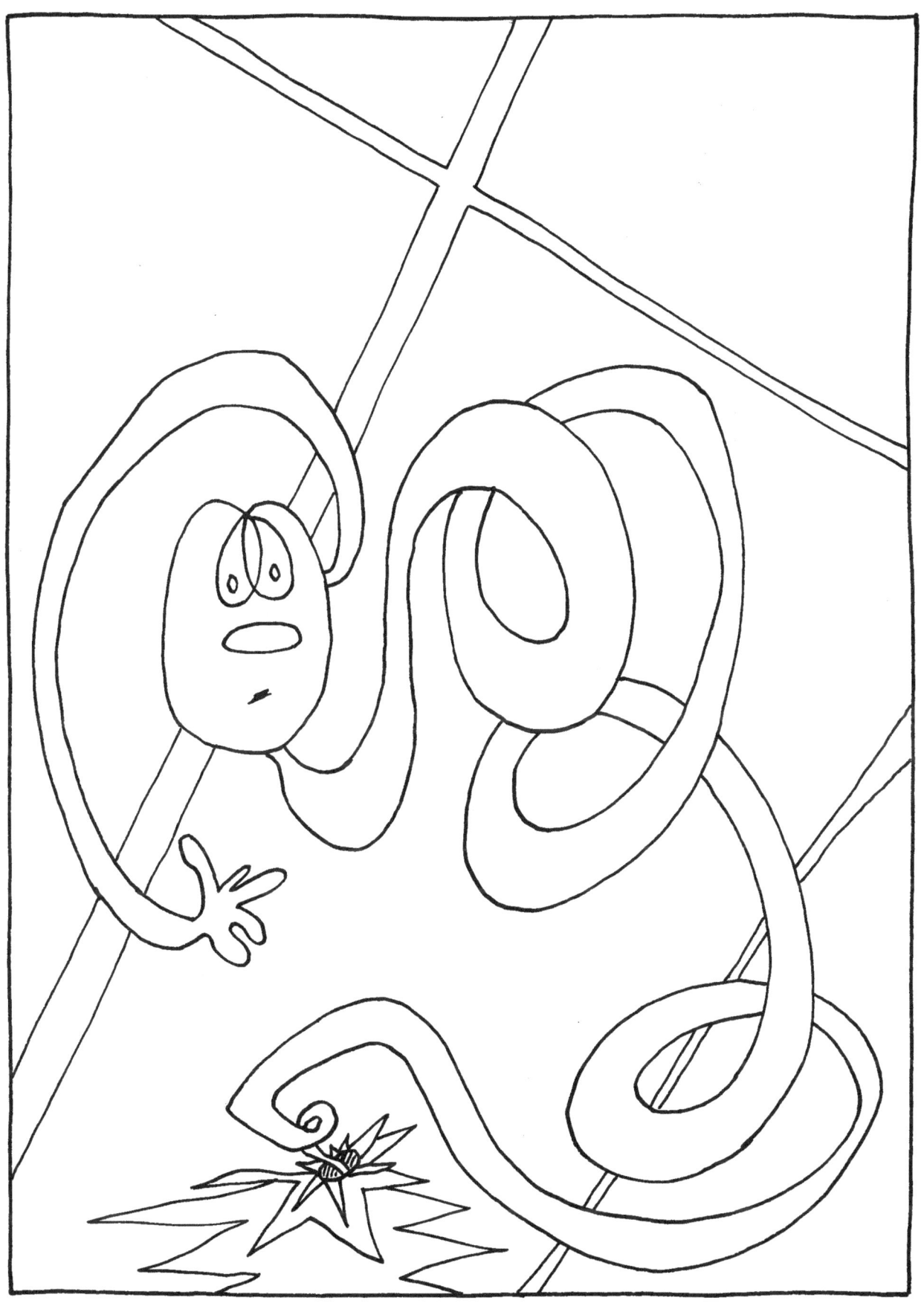

Creatura 3 - ©2017 Joan Worth

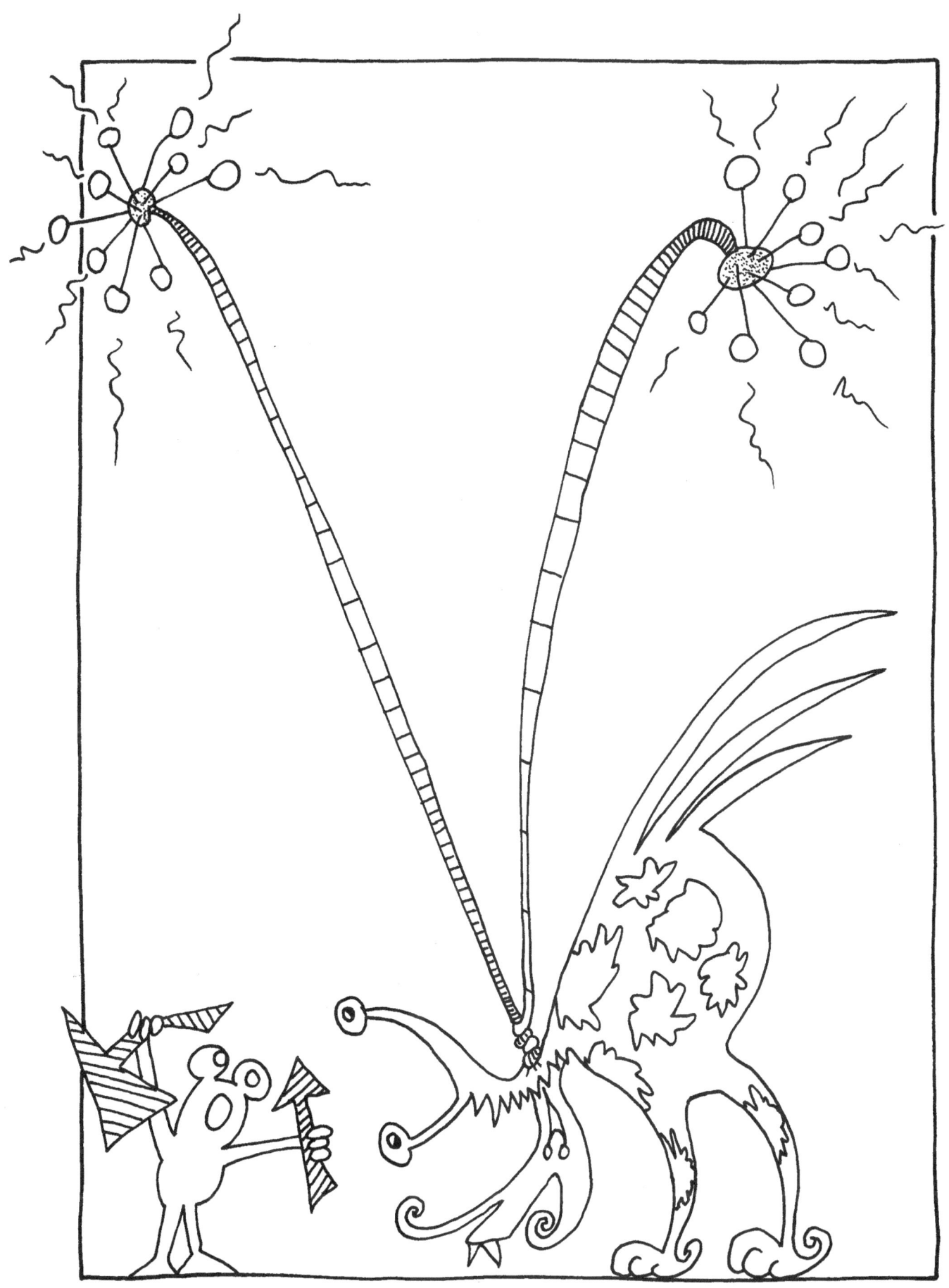

Creatura 3 - ©2017 Joan Worth

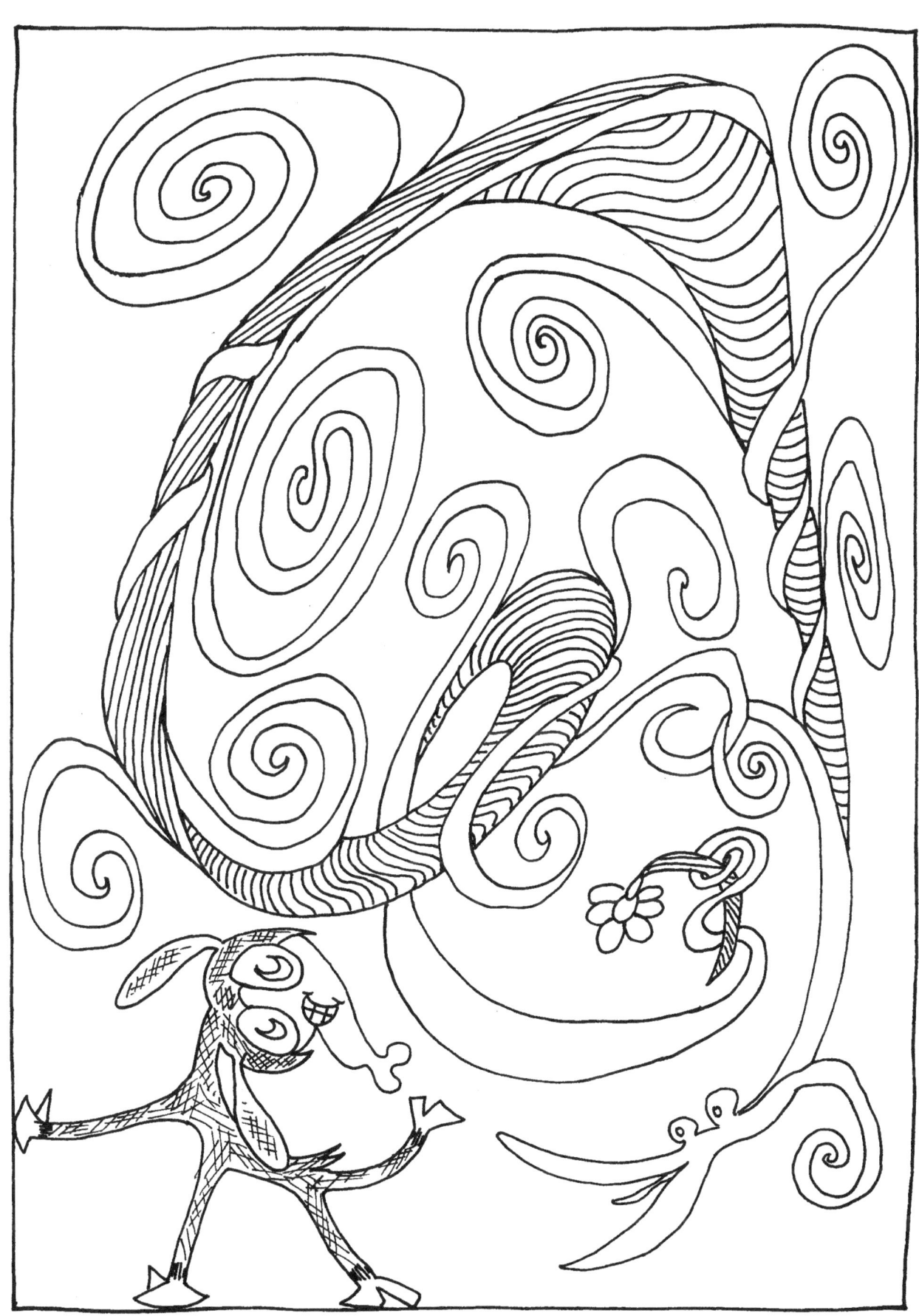

Creatura 3 - ©2017 Joan Worth

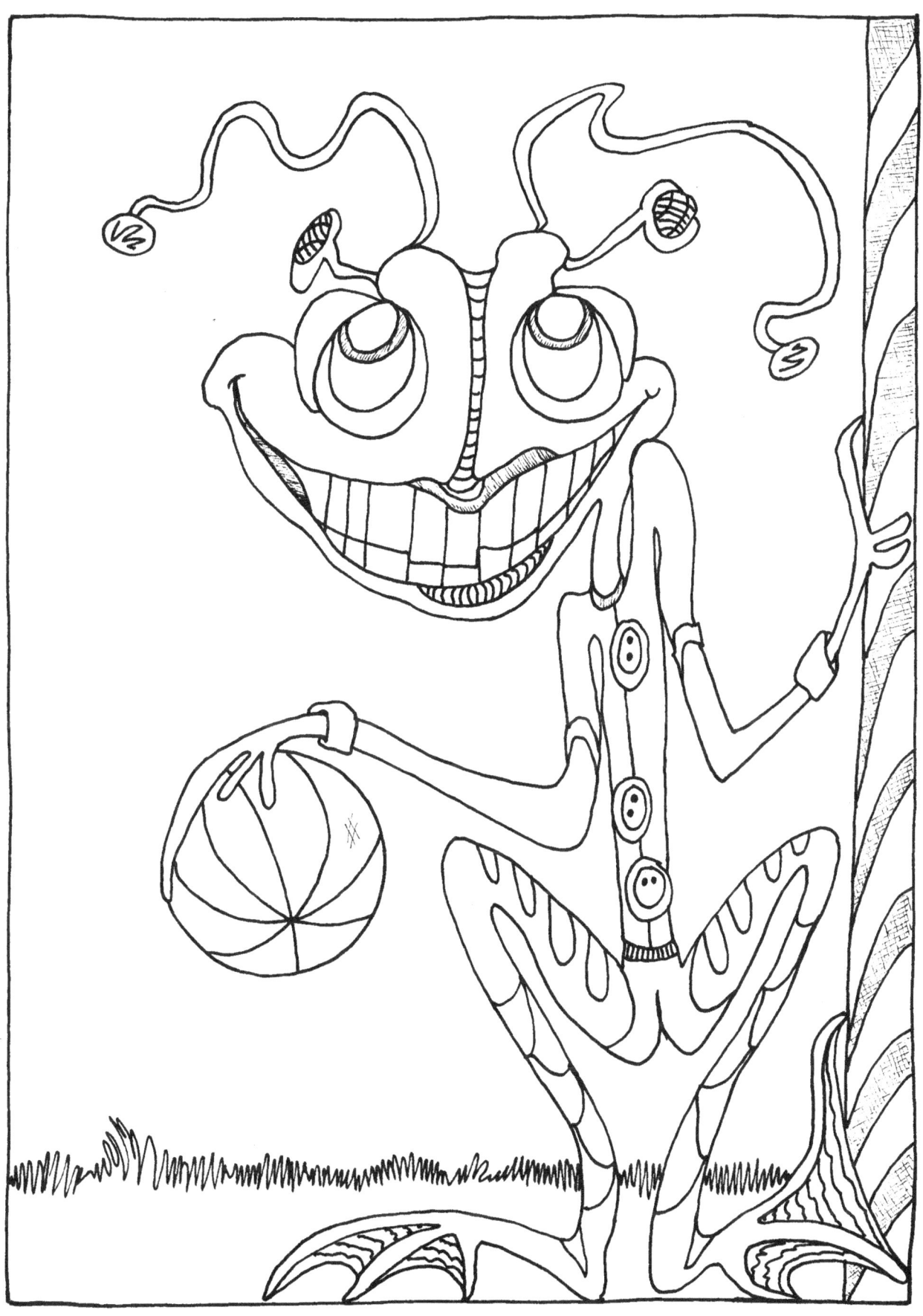

Creatura 3 - ©2017 Joan Worth

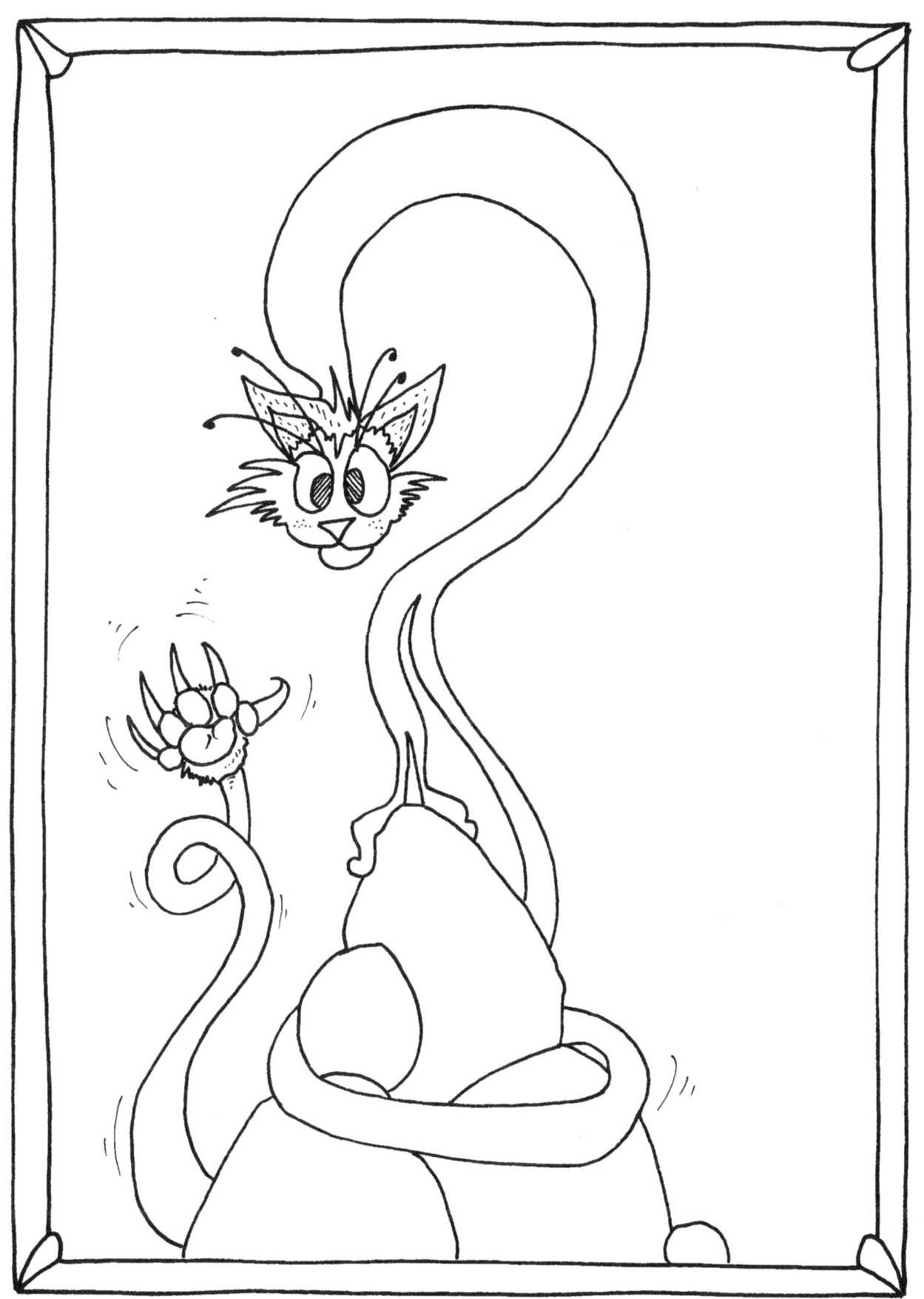

Creatura 3 - ©2017 Joan Worth

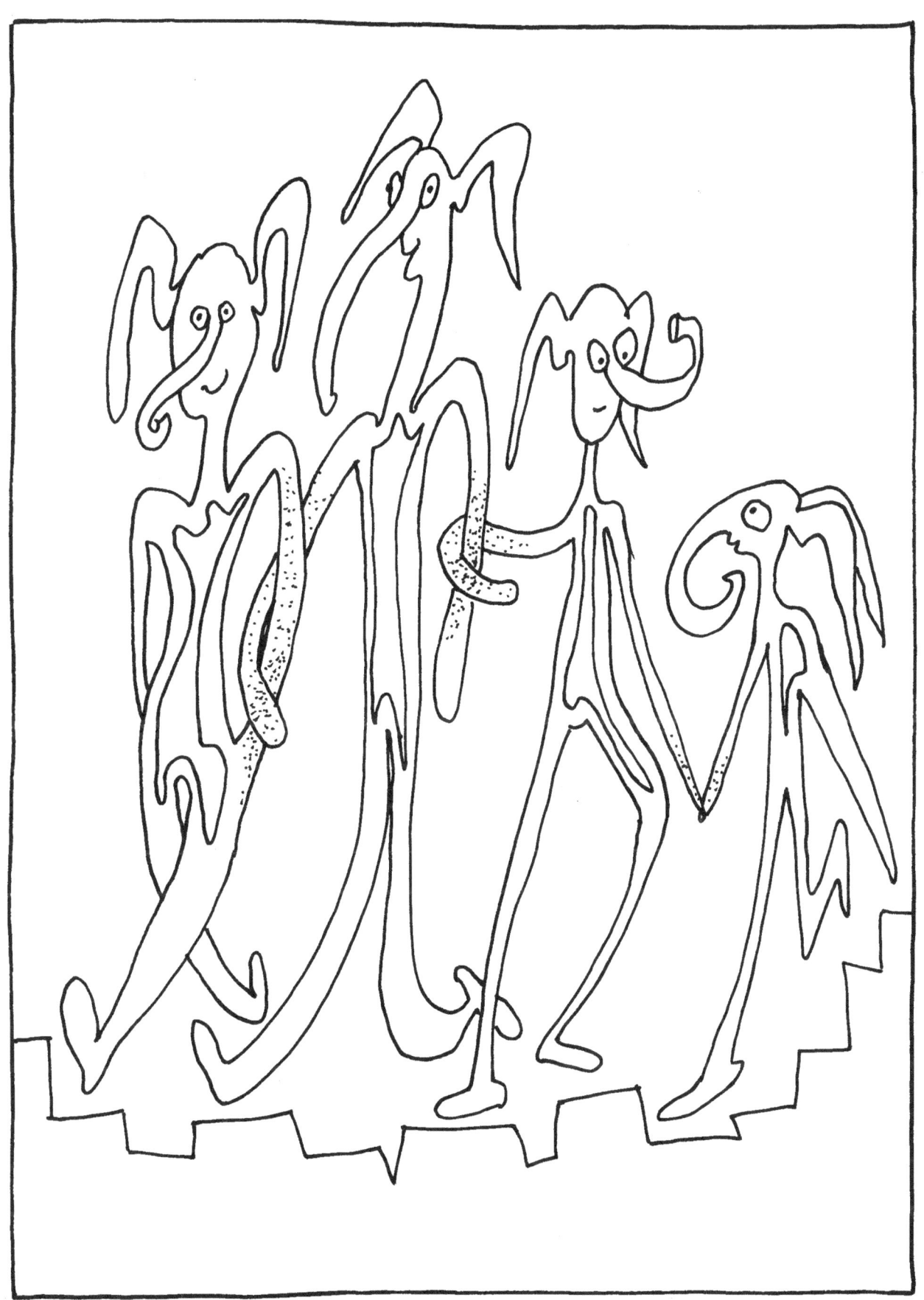

Creatura 3 - ©2017 Joan Worth

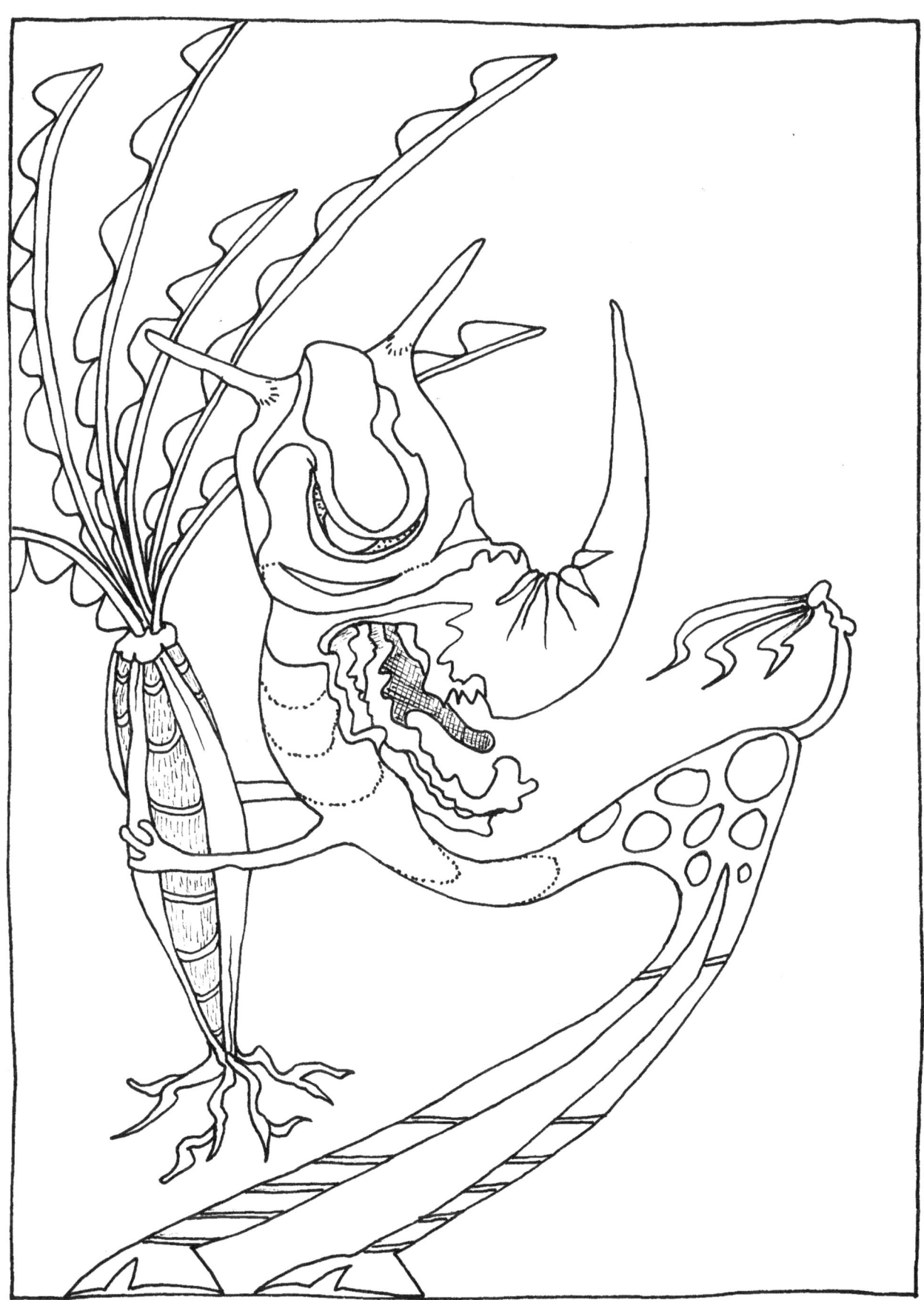

Creatura 3 - ©2017 Joan Worth

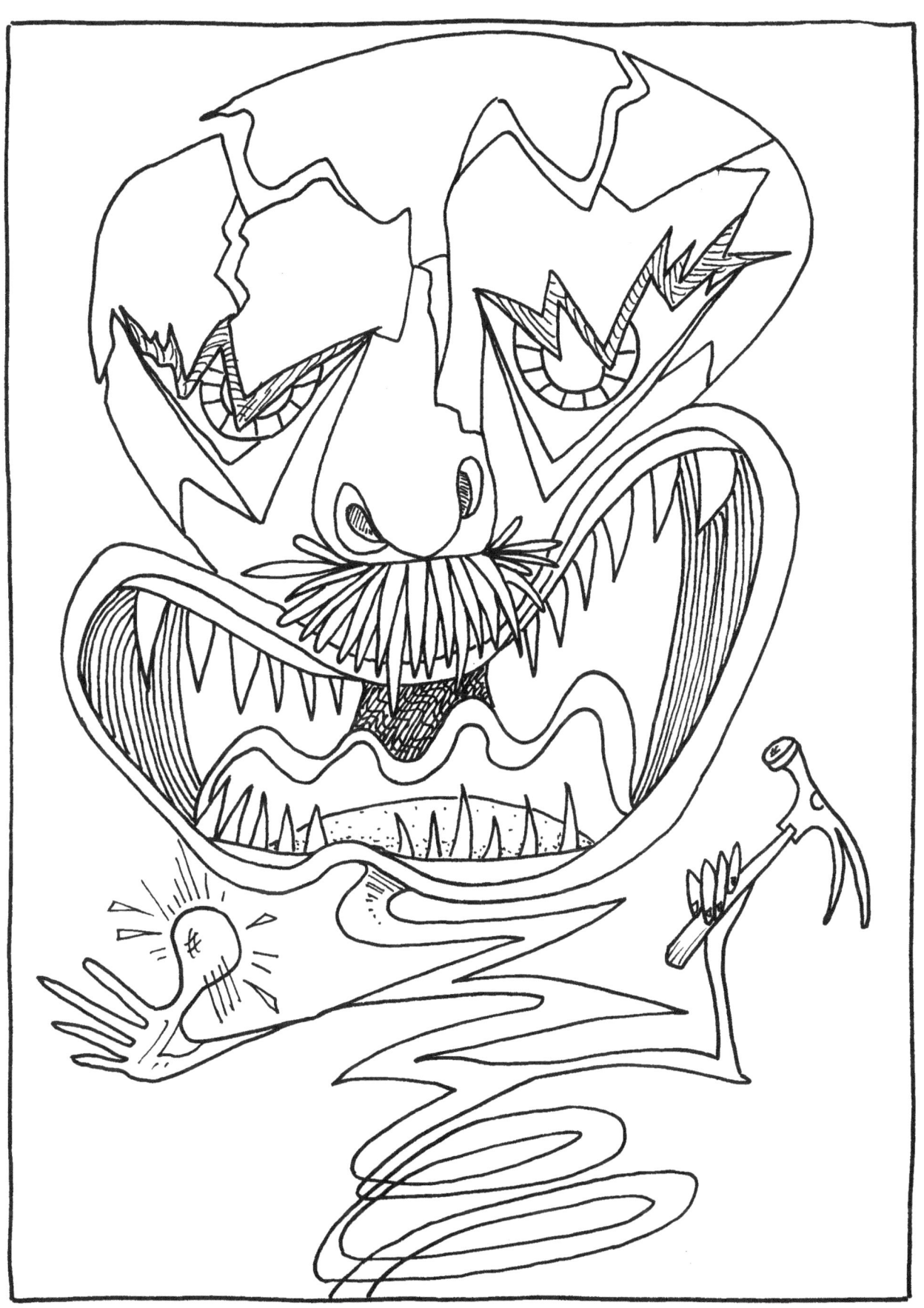

Creatura 3 - ©2017 Joan Worth

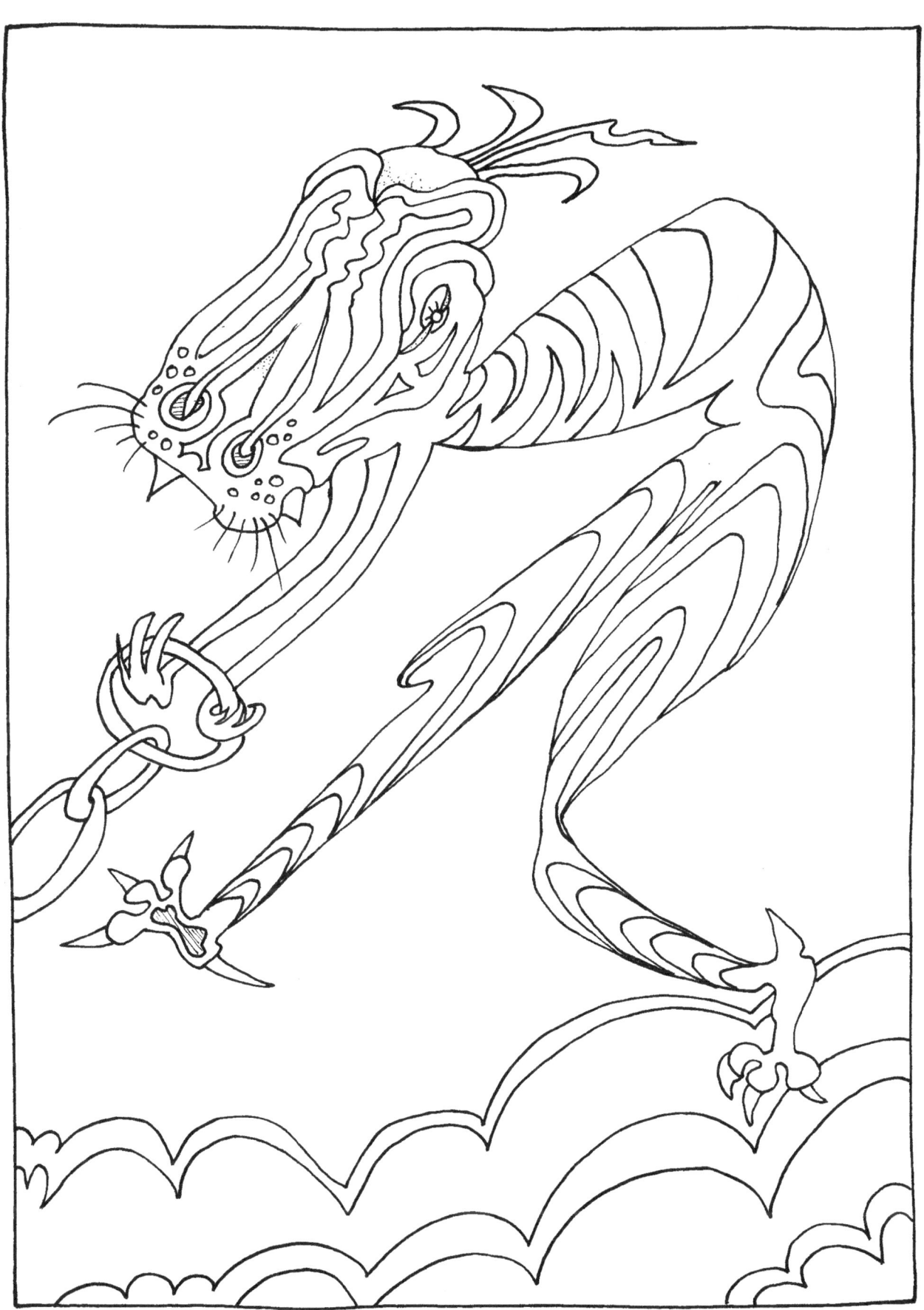

Creatura 3 - ©2017 Joan Worth

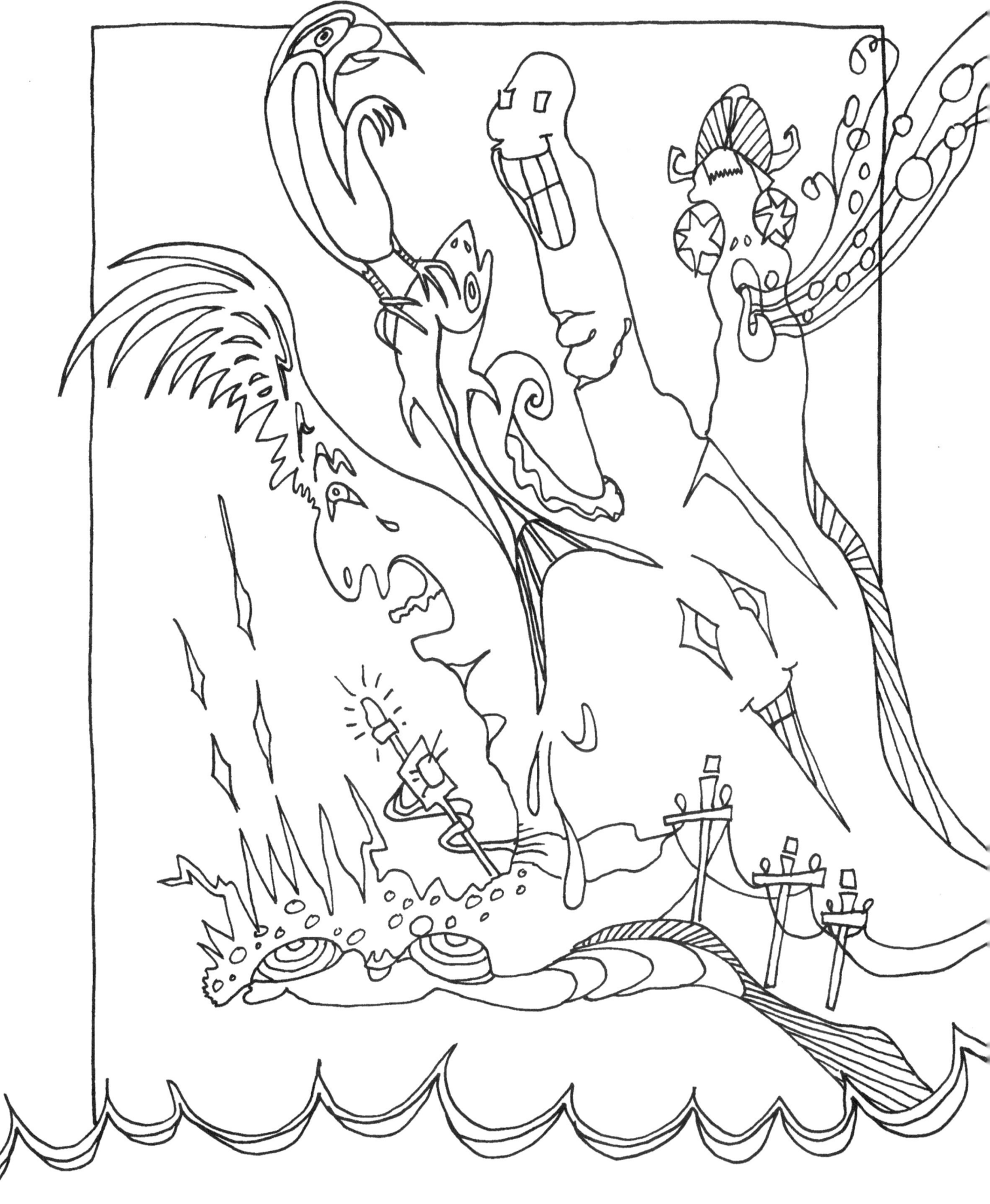

Creatura 3 - ©2017 Joan Worth

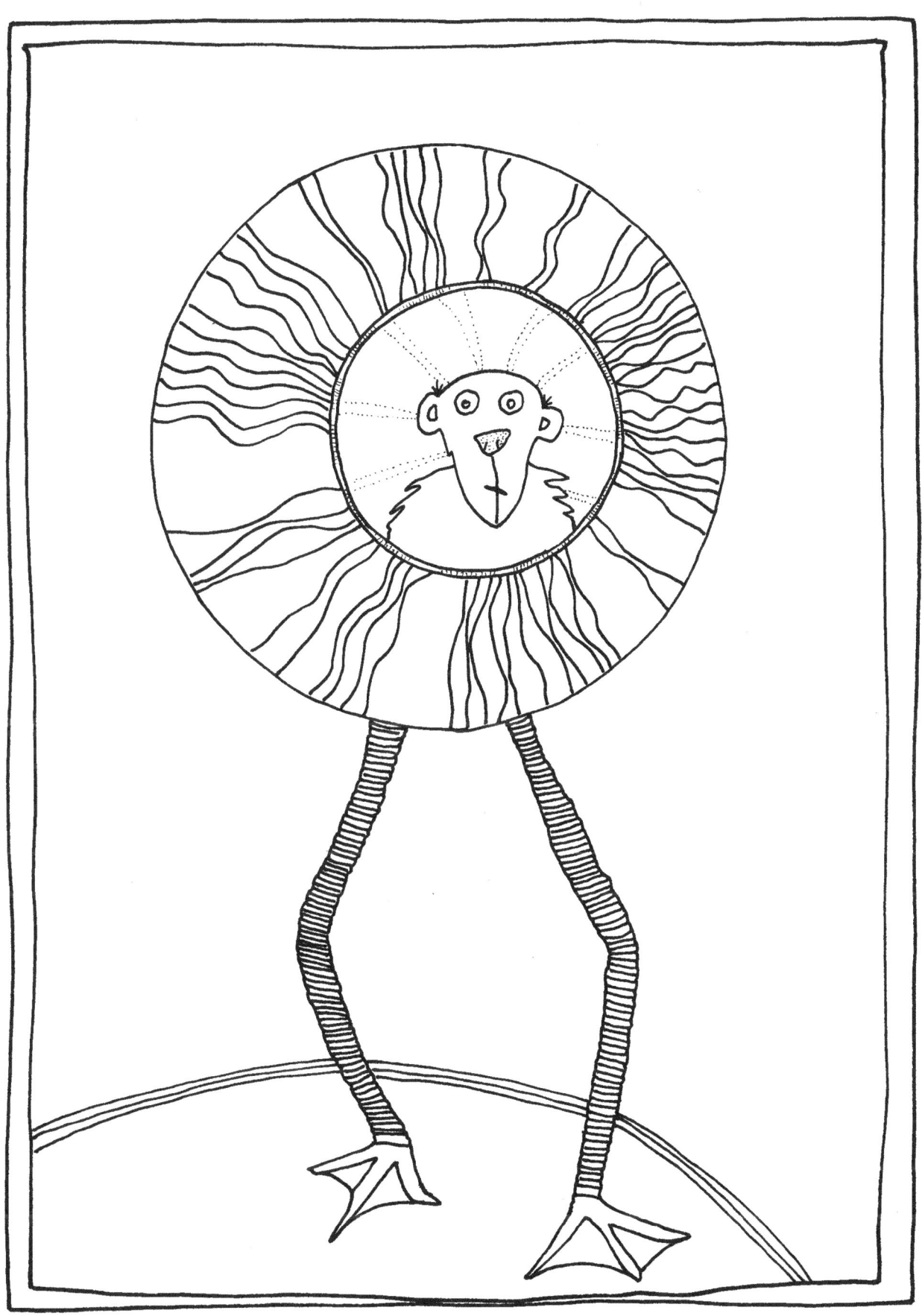

Creatura 3 - ©2017 Joan Worth

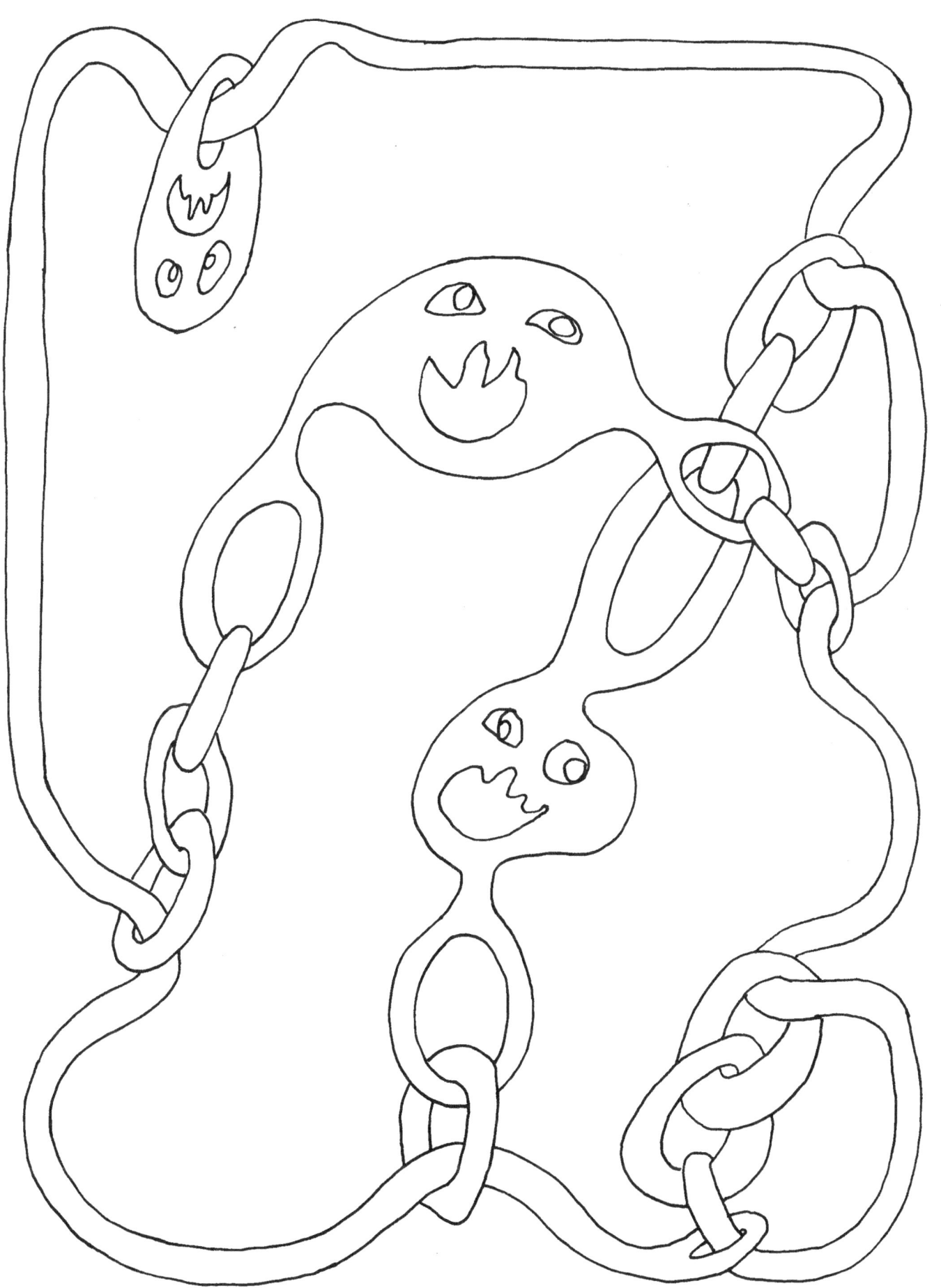

Creatura 3 - ©2017 Joan Worth

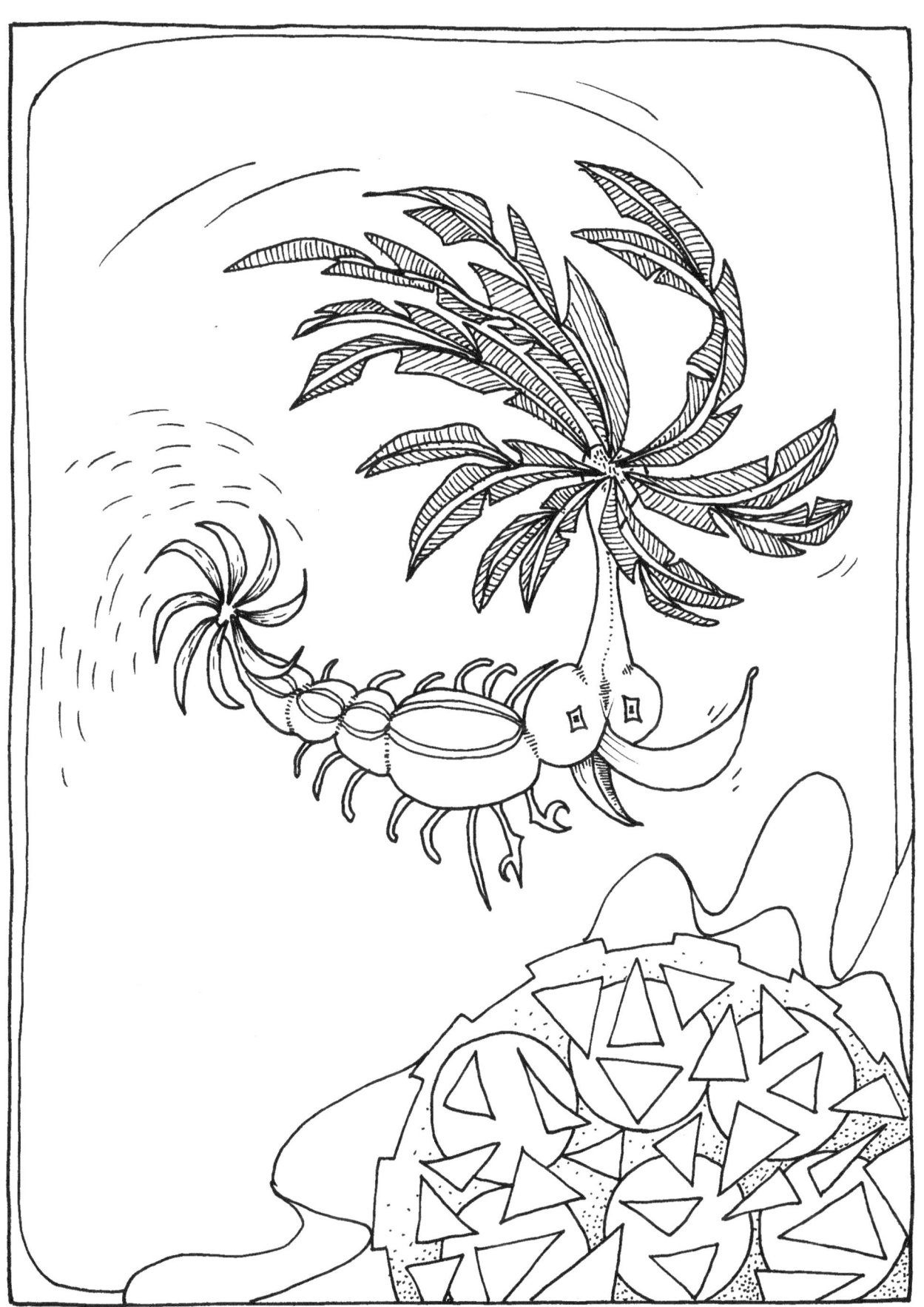

Creatura 3 - ©2017 Joan Worth

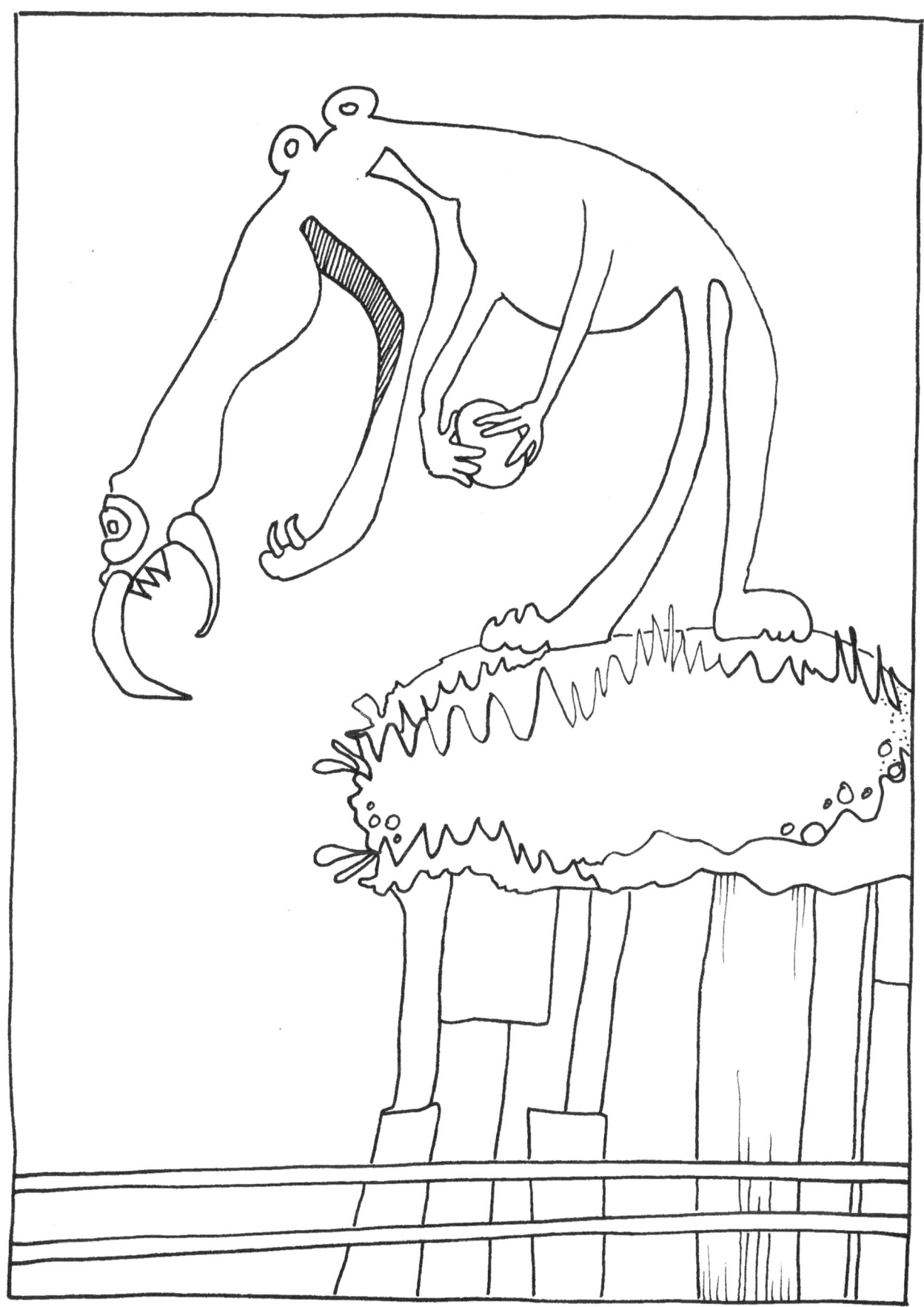

Creatura 3 - ©2017 Joan Worth

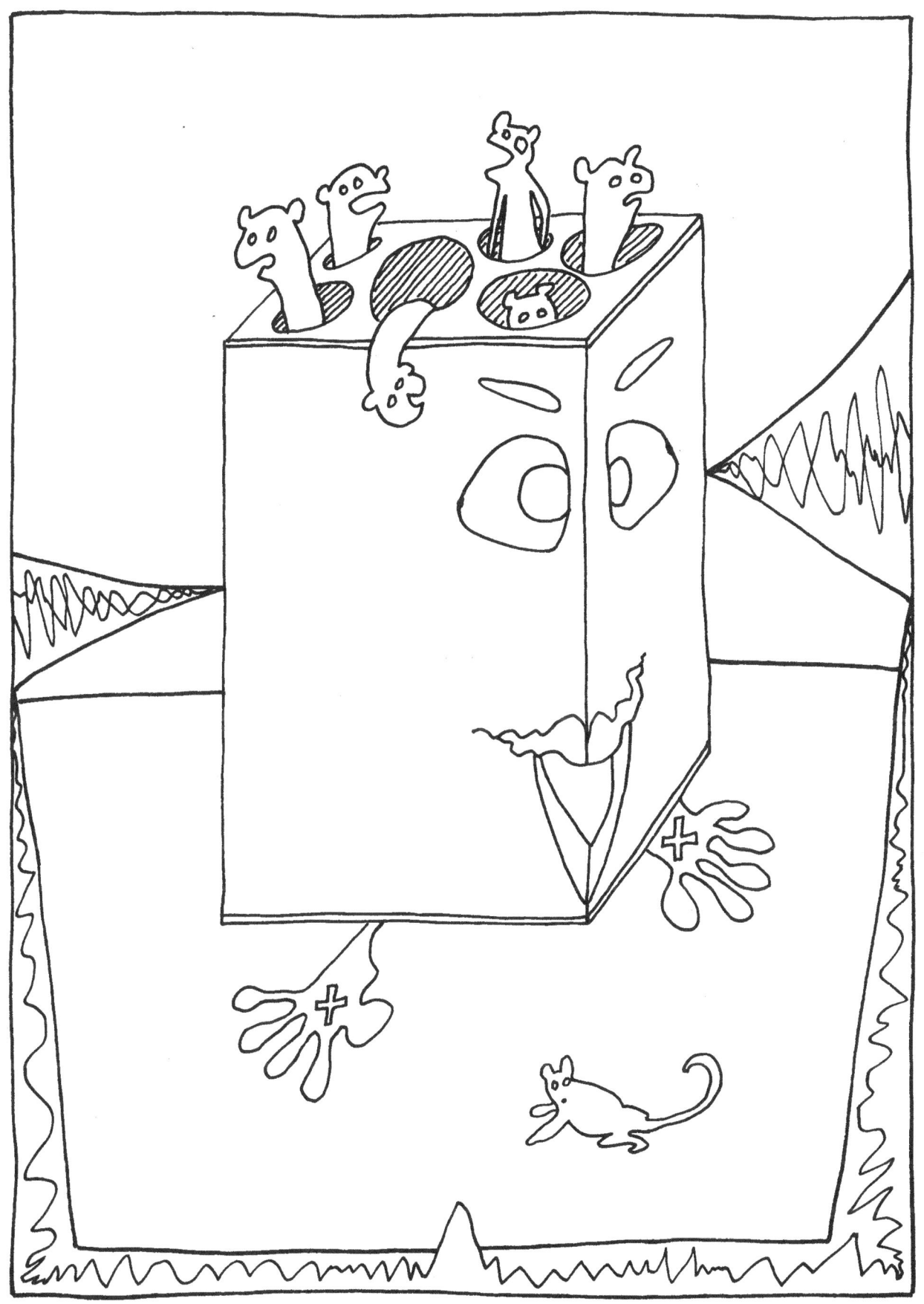

Creatura 3 - ©2017 Joan Worth

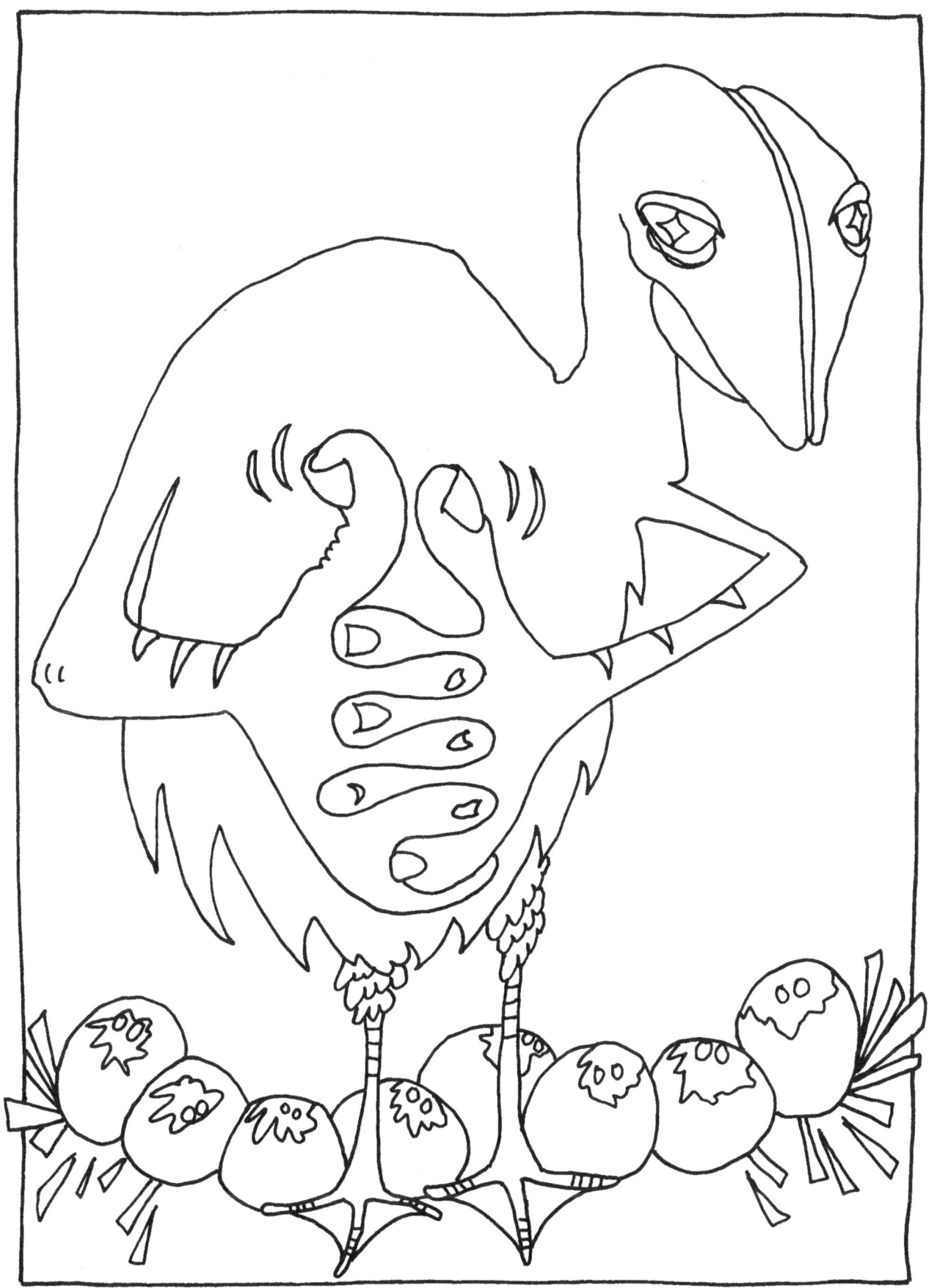

Creatura 3 - ©2017 Joan Worth

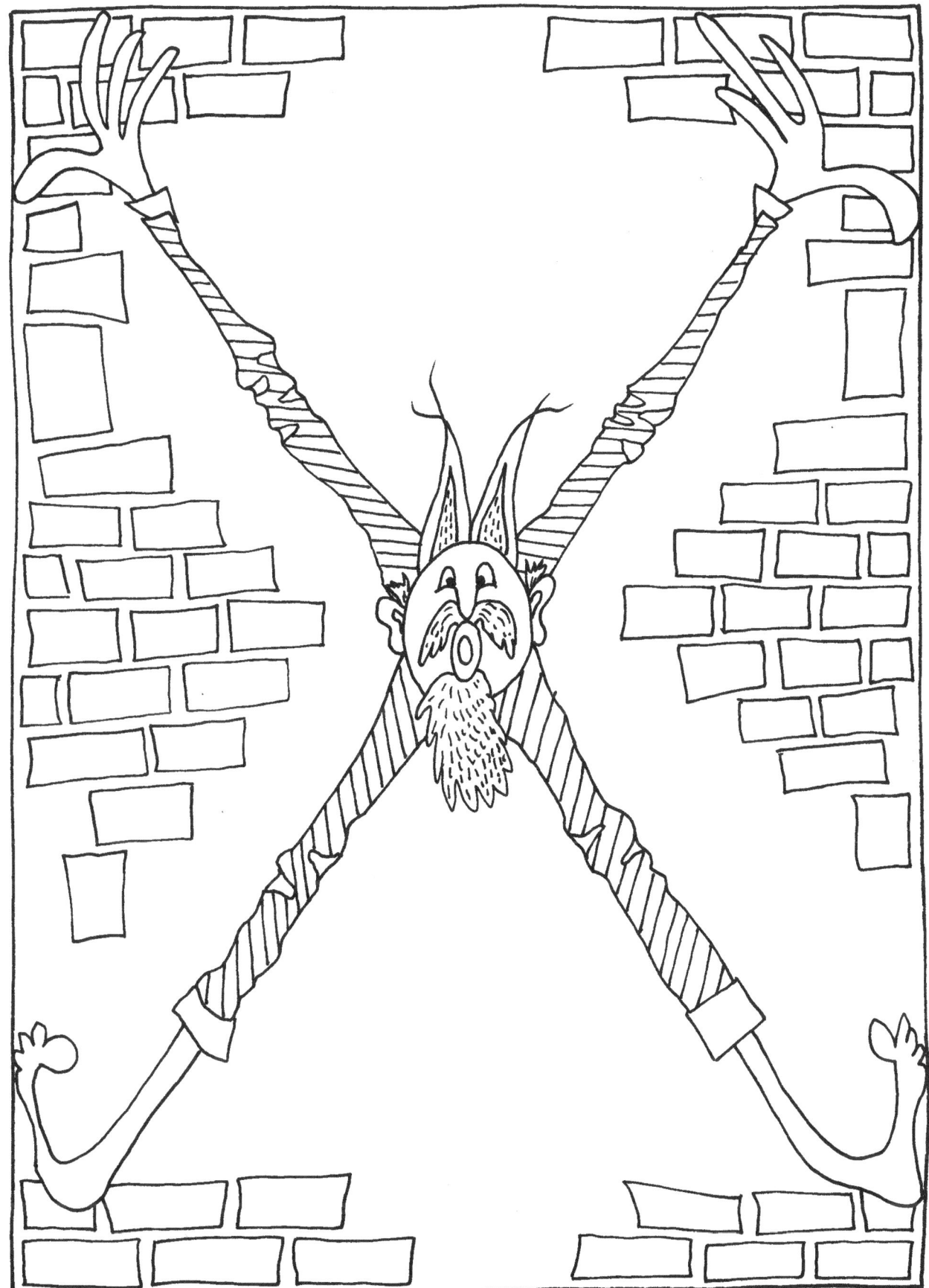

Creatura 3 - ©2017 Joan Worth

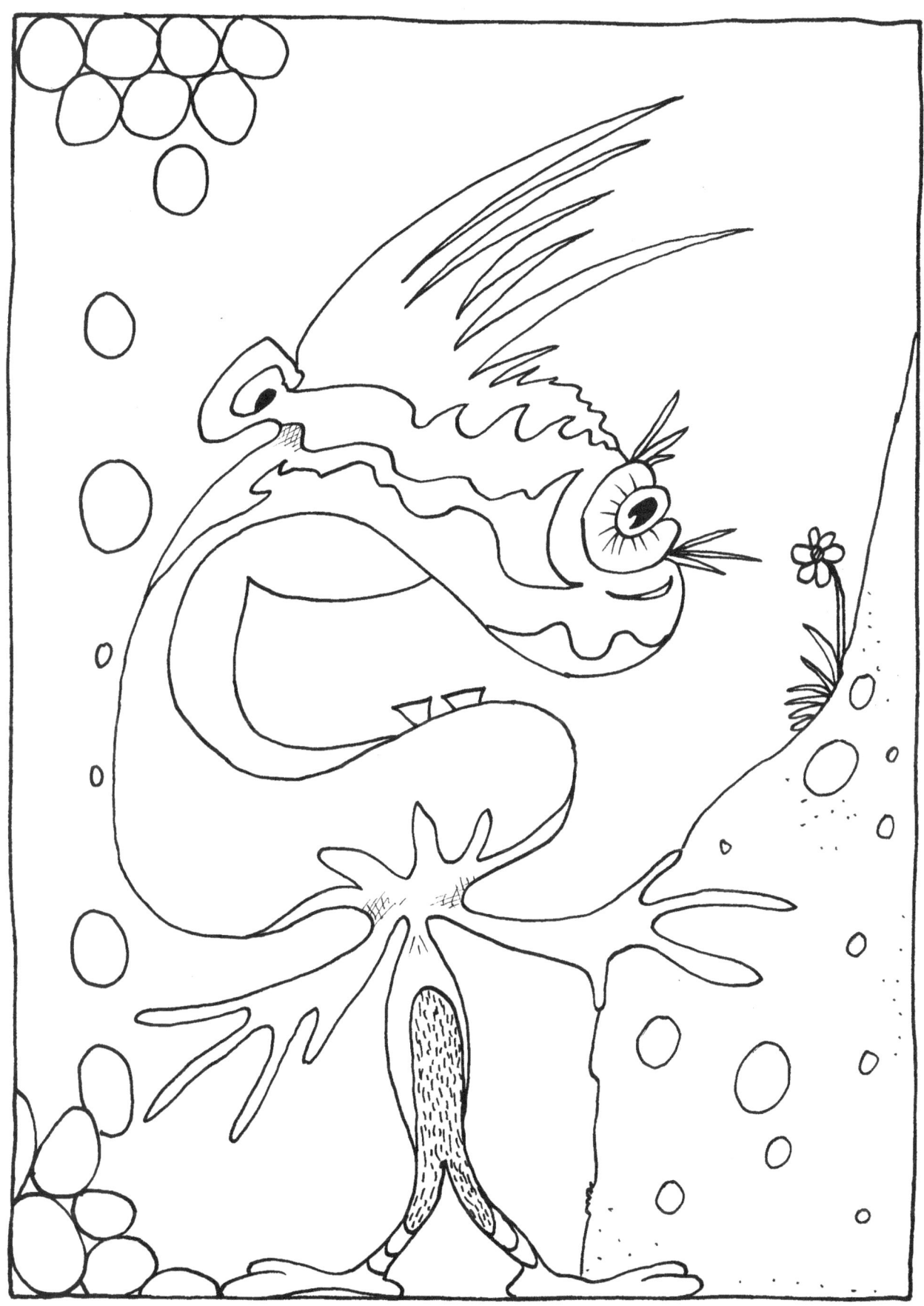

Creatura 3 - ©2017 Joan Worth

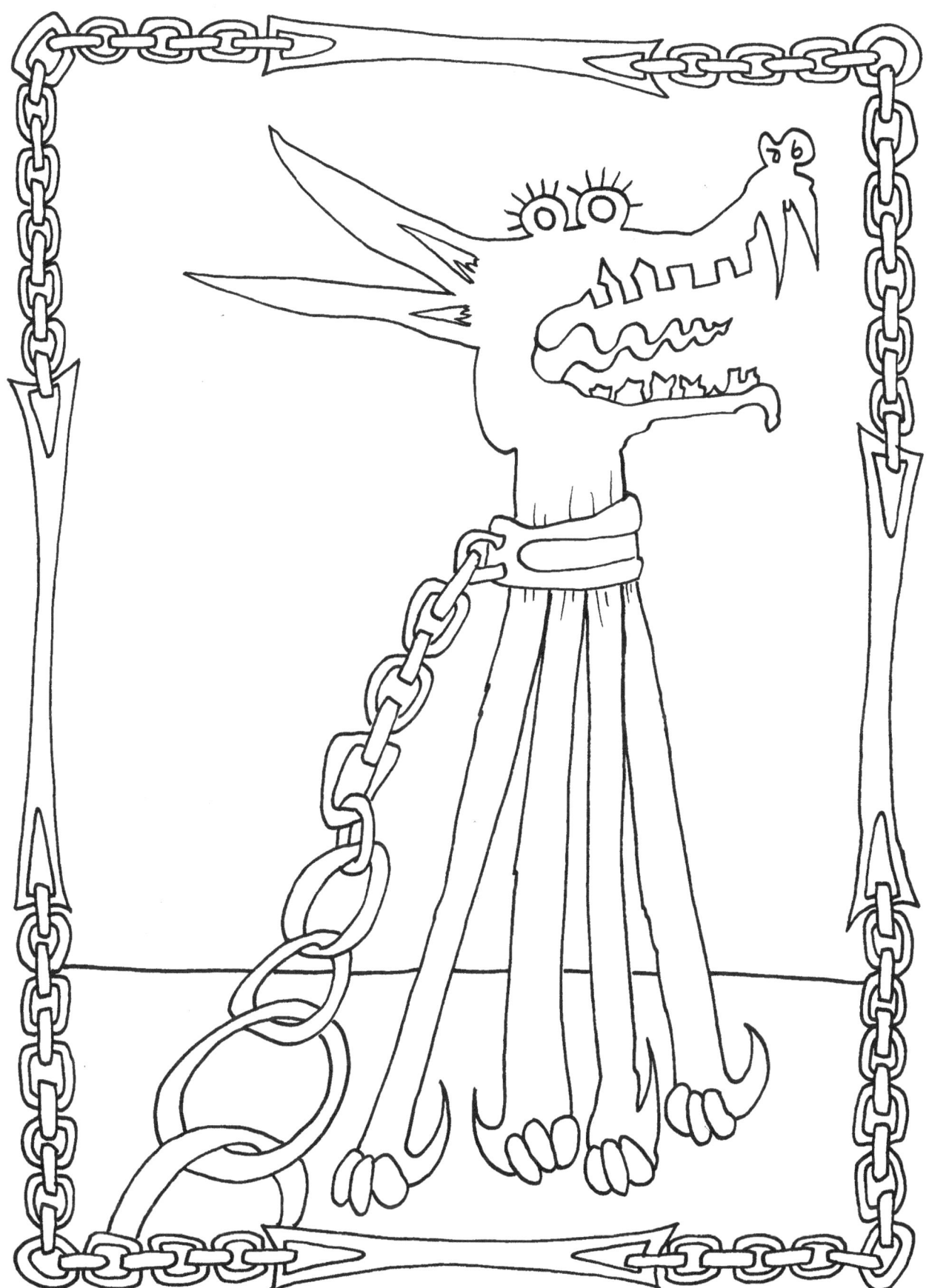

Creatura 3 - ©2017 Joan Worth

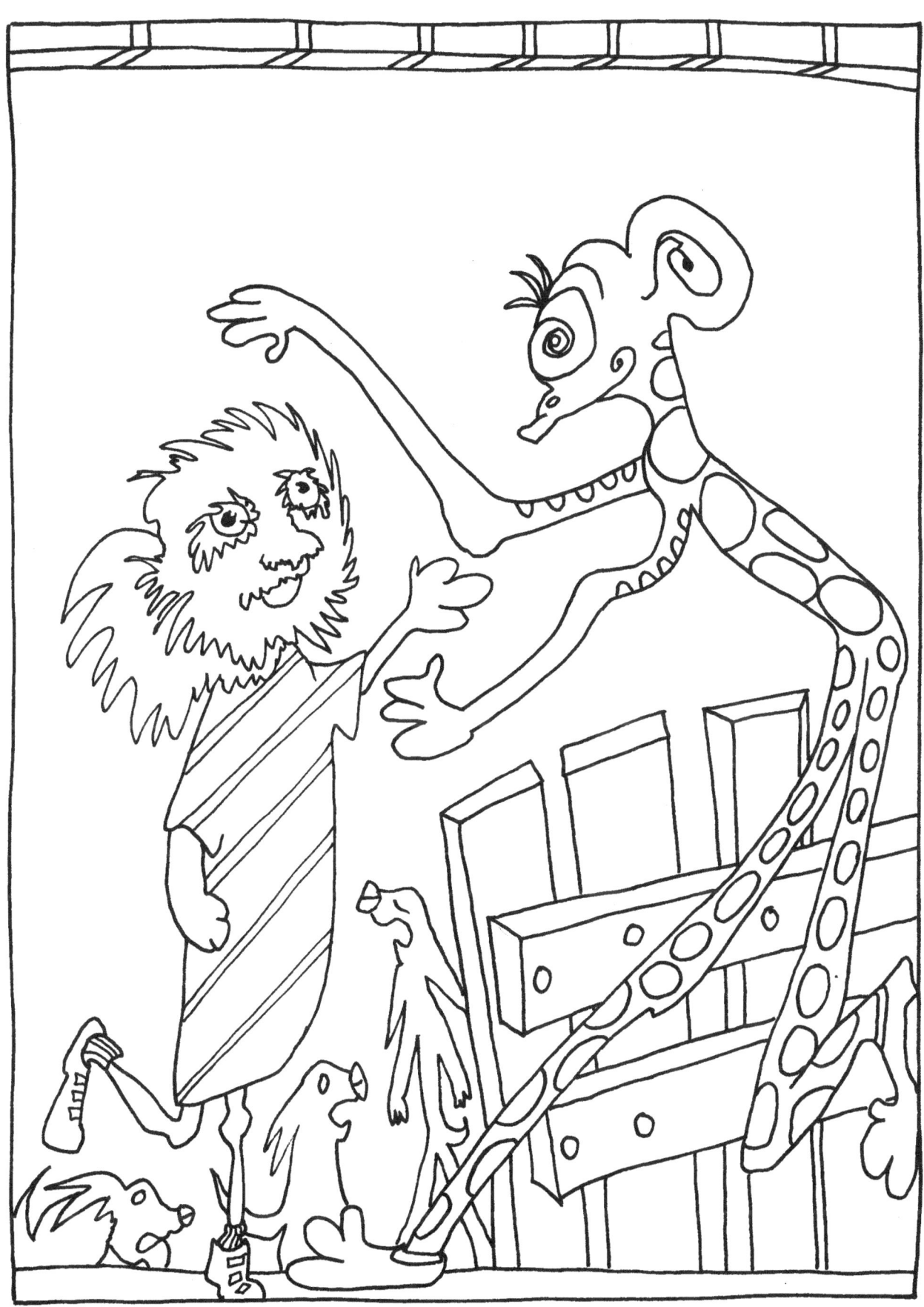

Creatura 3 - ©2017 Joan Worth

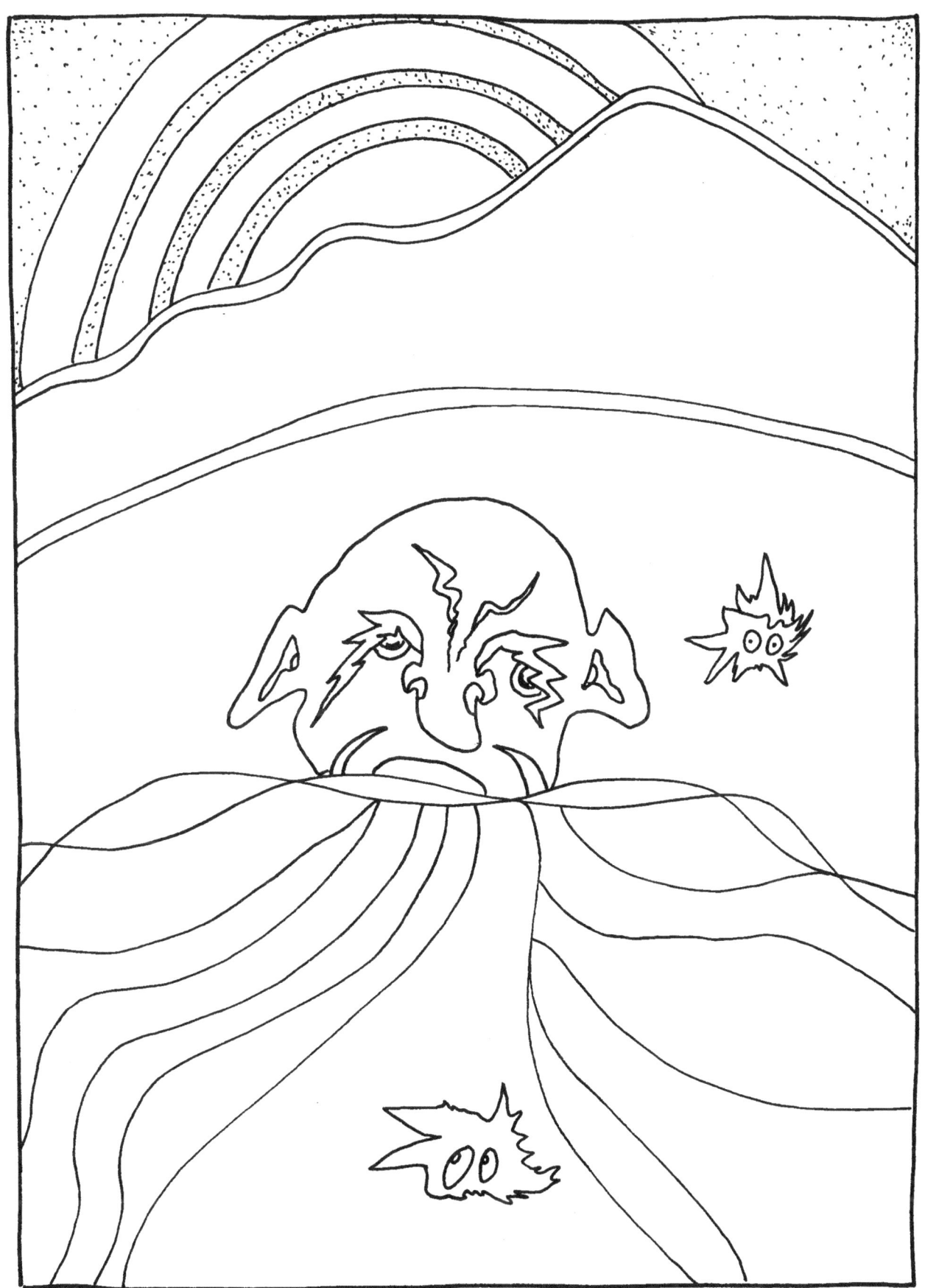

Creatura 3 - ©2017 Joan Worth

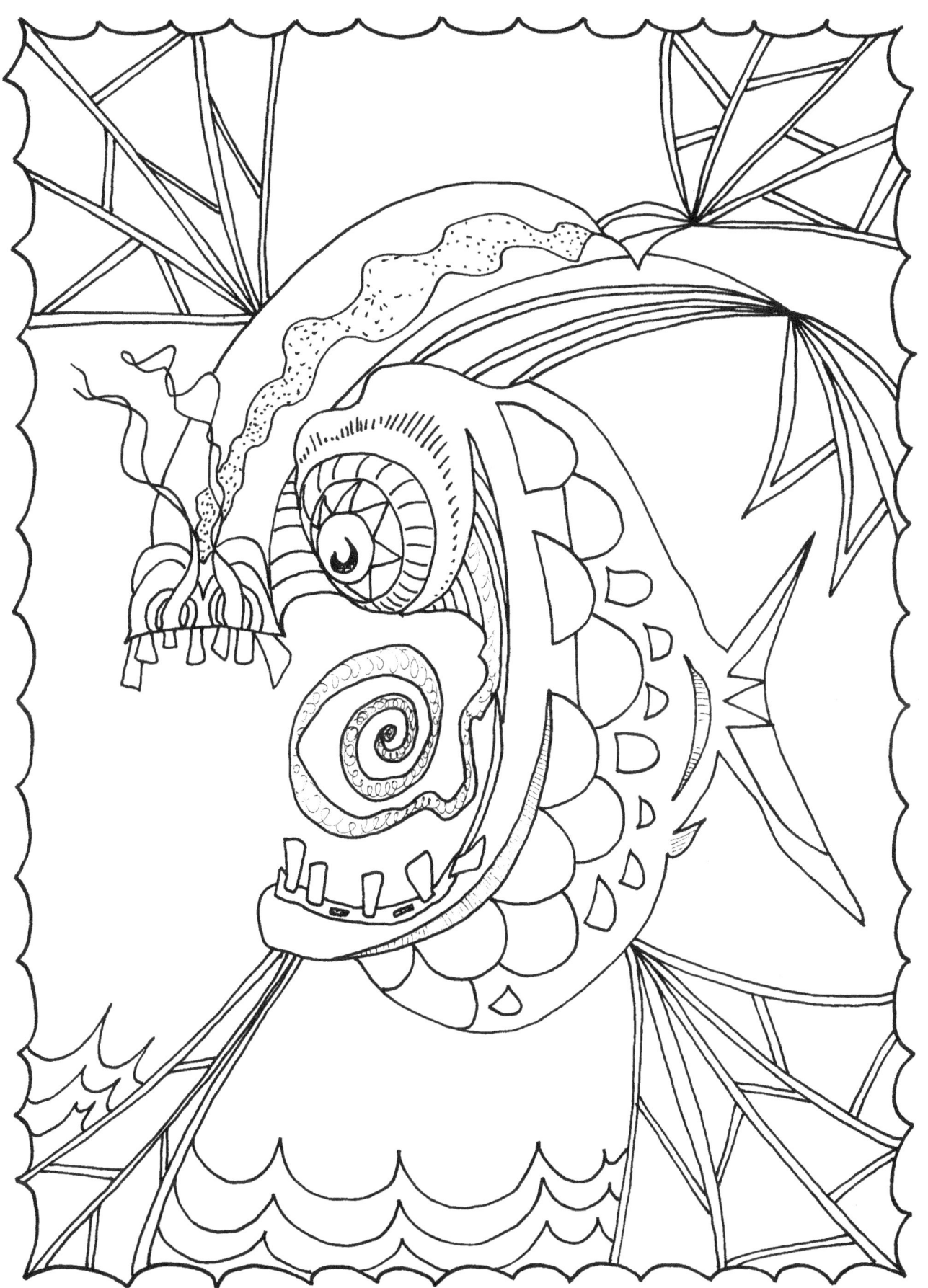

Creatura 3 - ©2017 Joan Worth

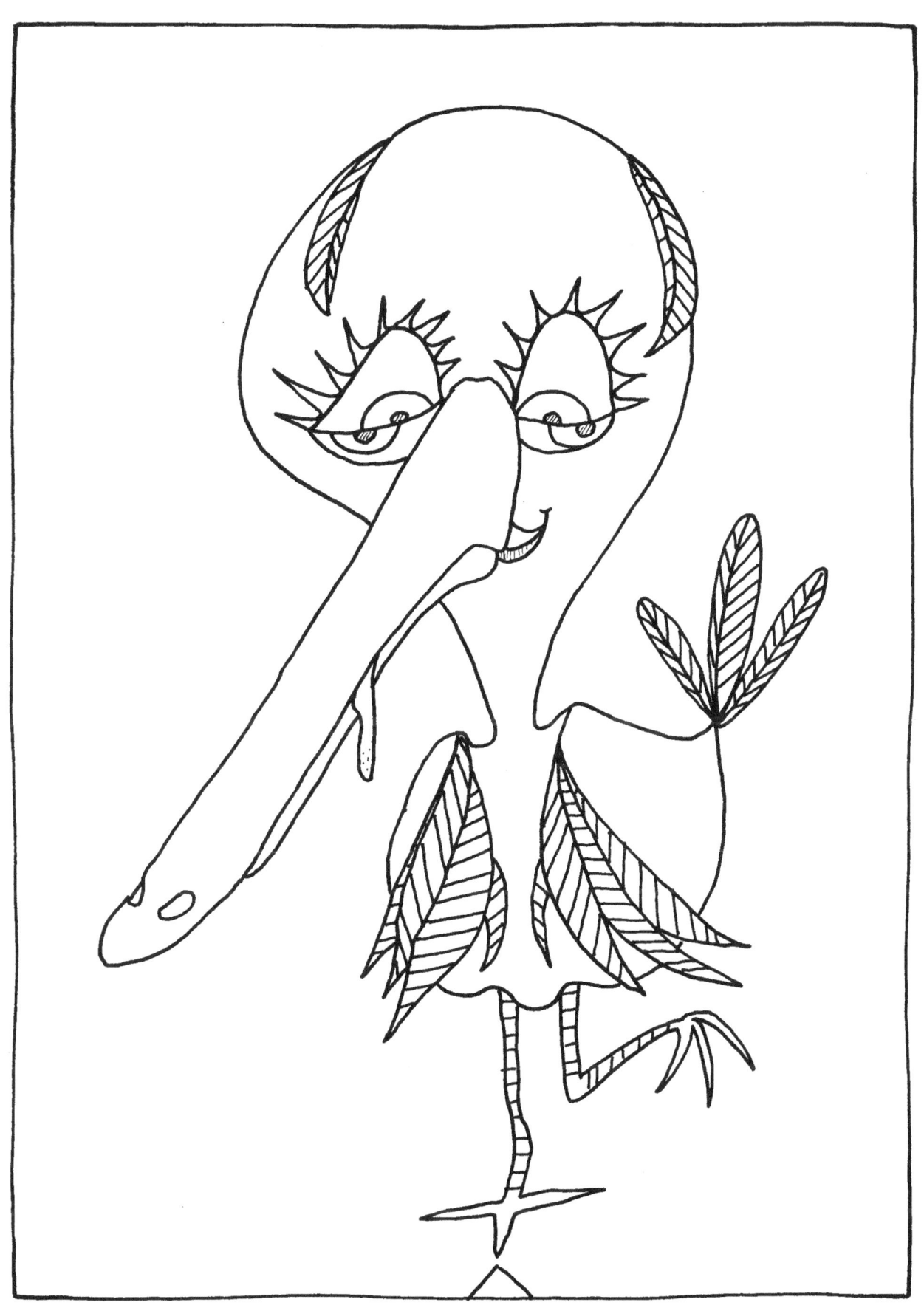

Creatura 3 - ©2017 Joan Worth

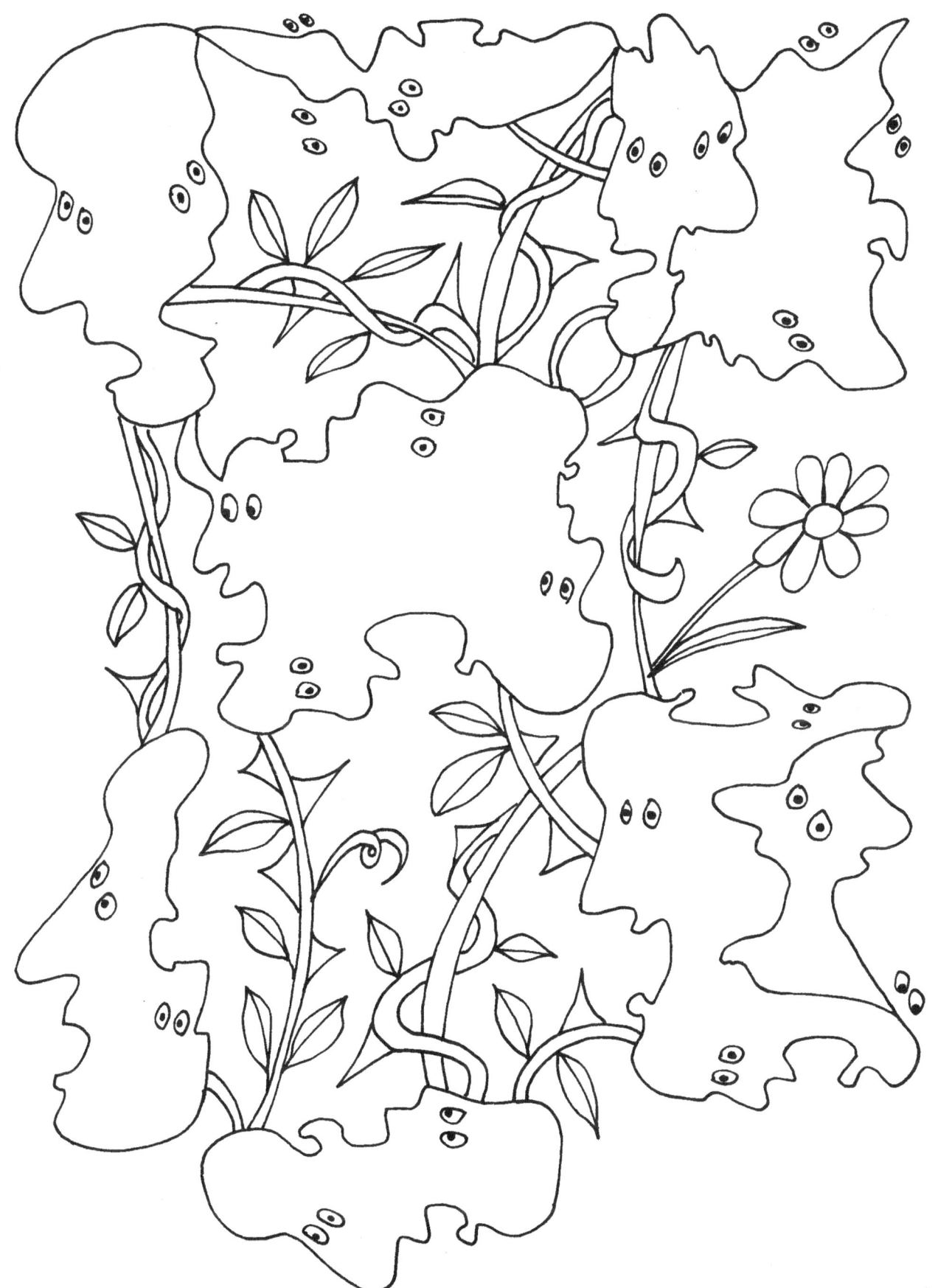

Creatura 3 - ©2017 Joan Worth

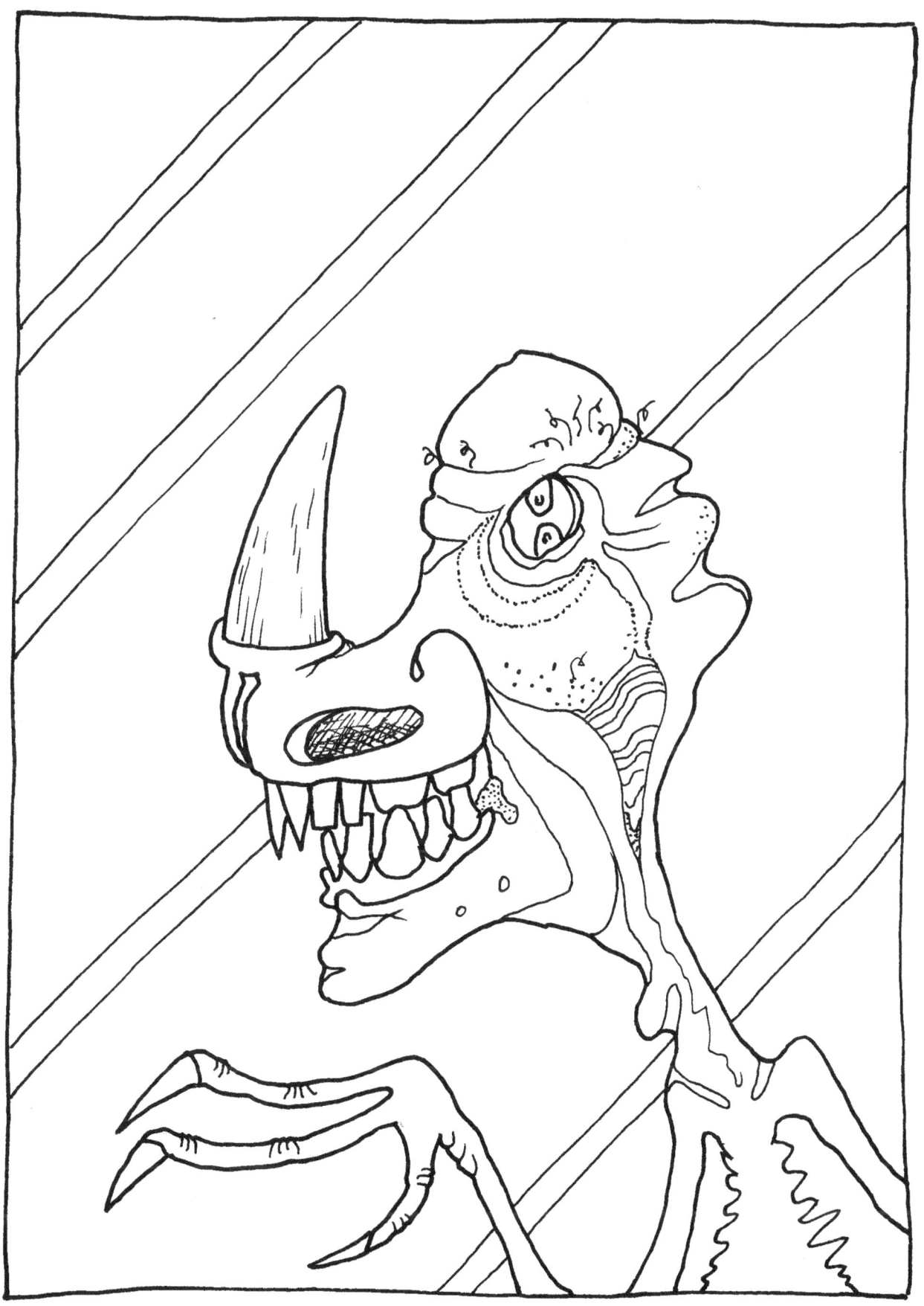

Creatura 3 - ©2017 Joan Worth

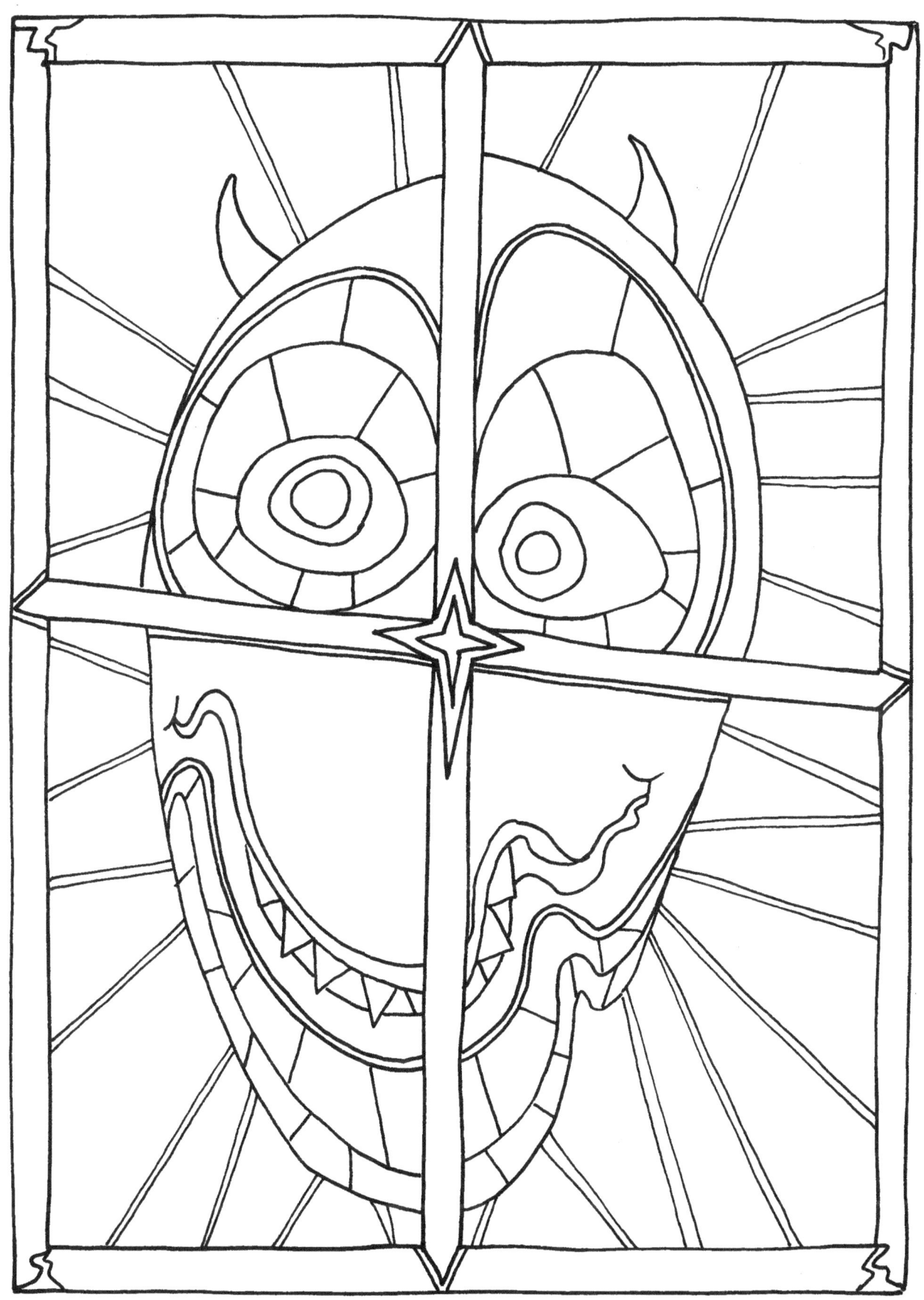

Creatura 3 - ©2017 Joan Worth

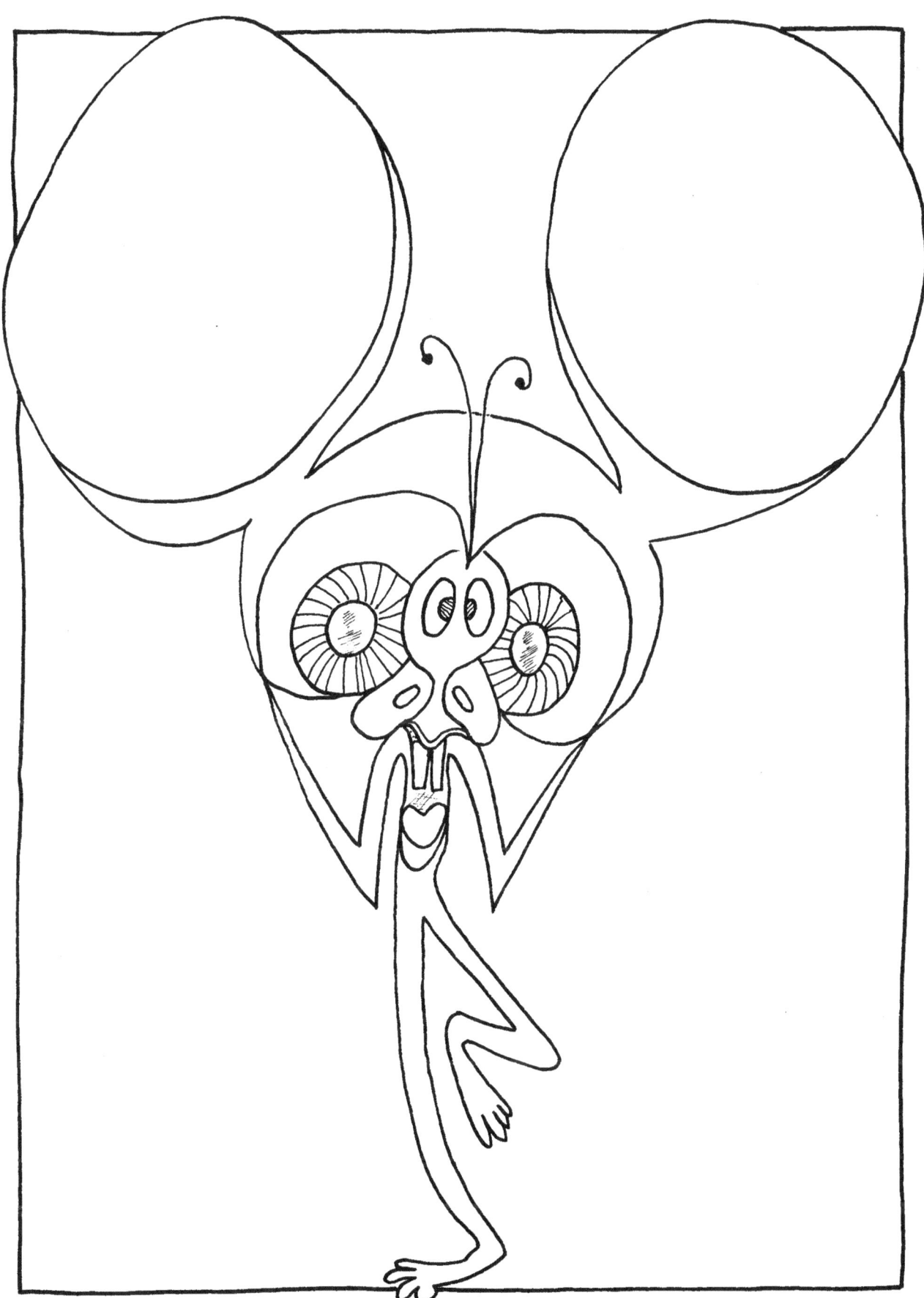

Creatura 3 - ©2017 Joan Worth

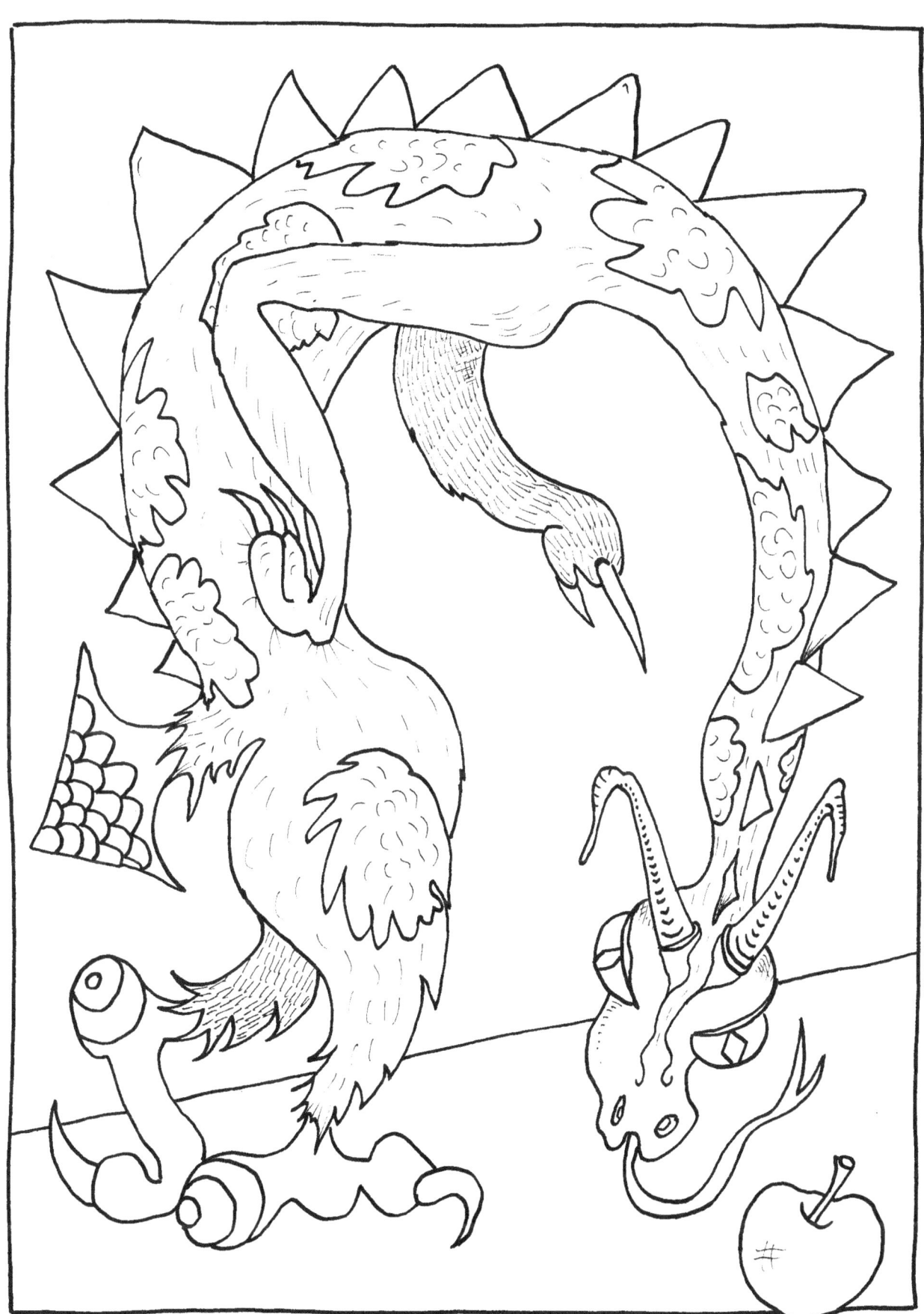

Creatura 3 - ©2017 Joan Worth

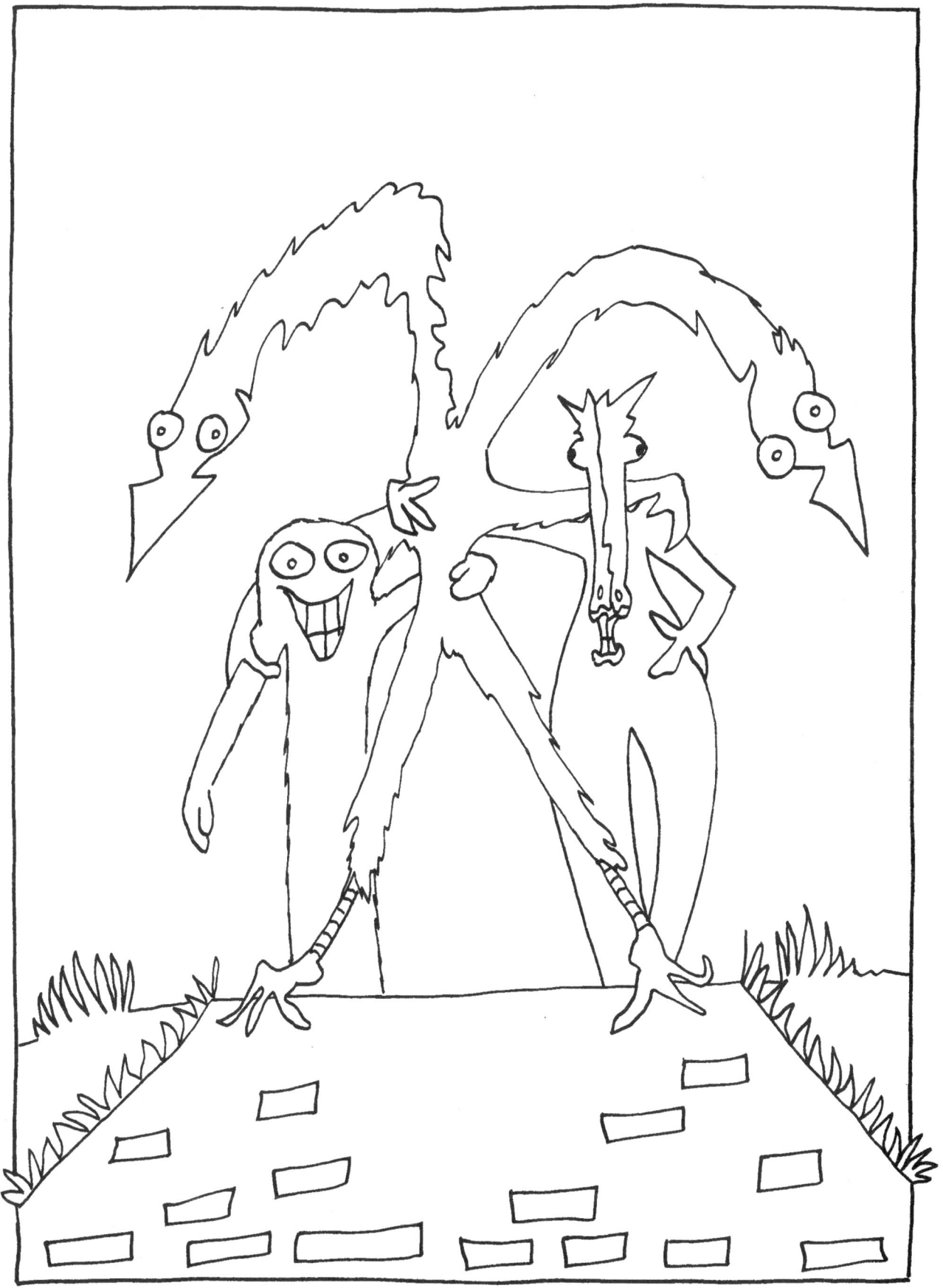

Creatura 3 - ©2017 Joan Worth

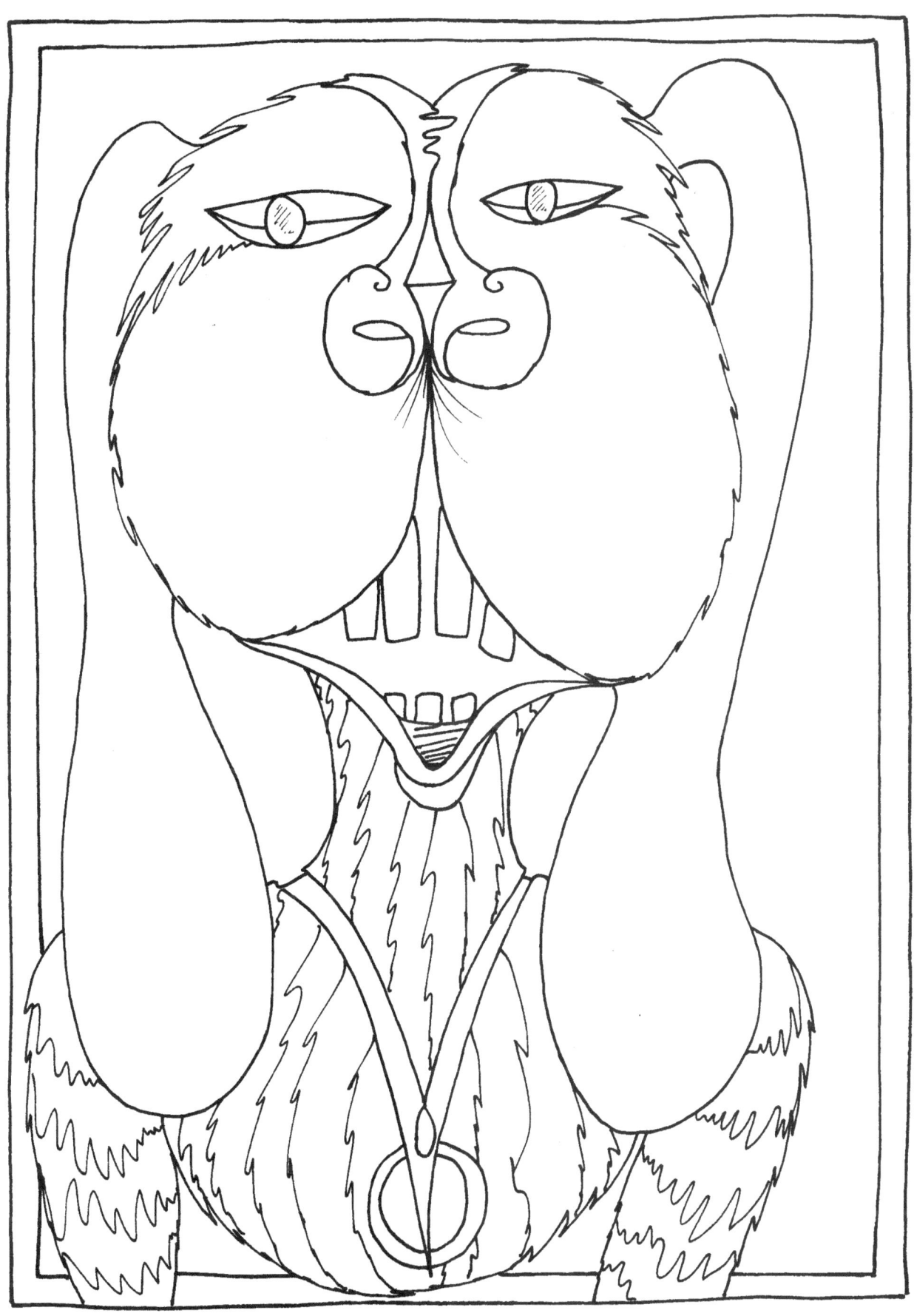

Creatura 3 - ©2017 Joan Worth

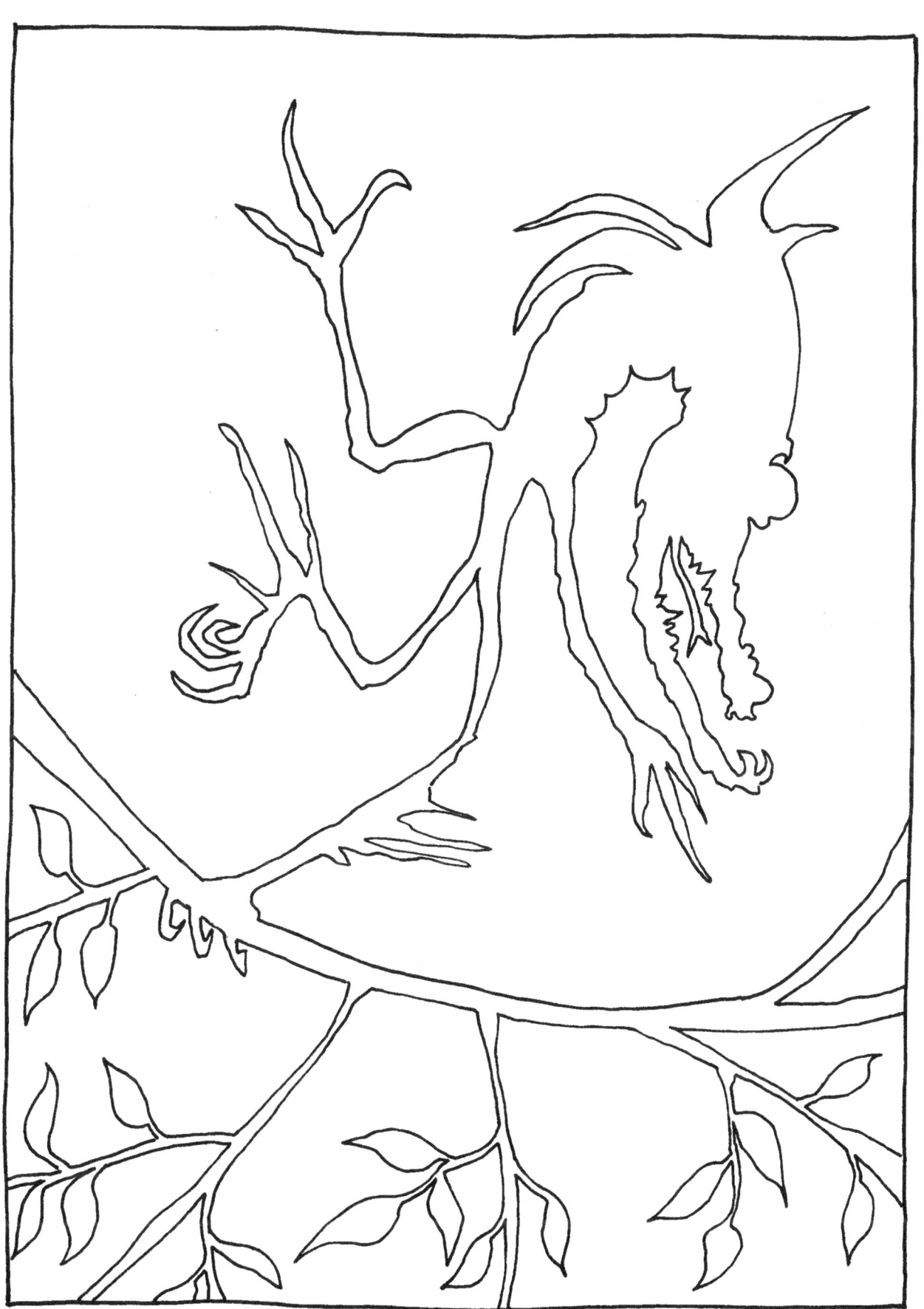

Creatura 3 - ©2017 Joan Worth

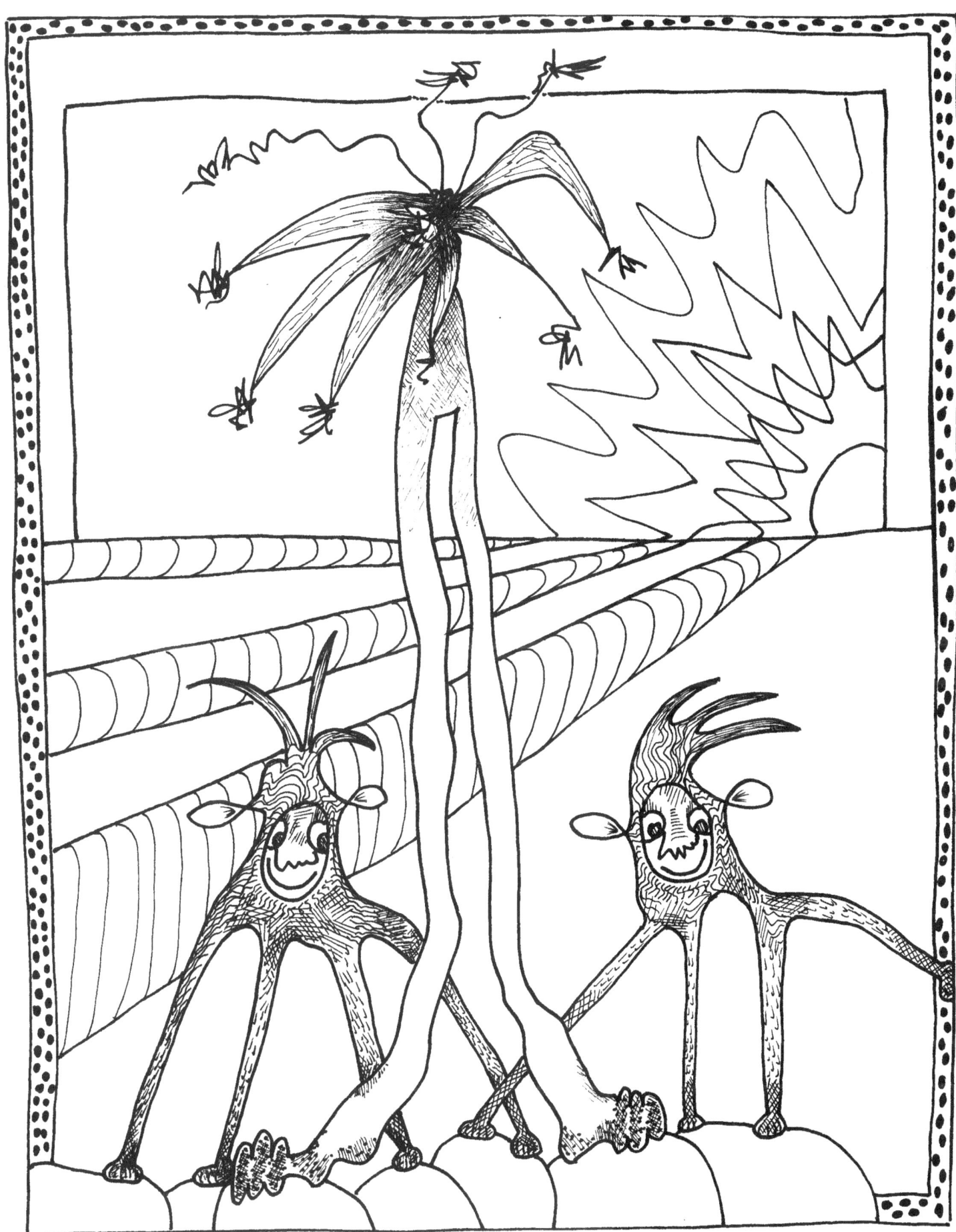

Creatura 3 - ©2017 Joan Worth

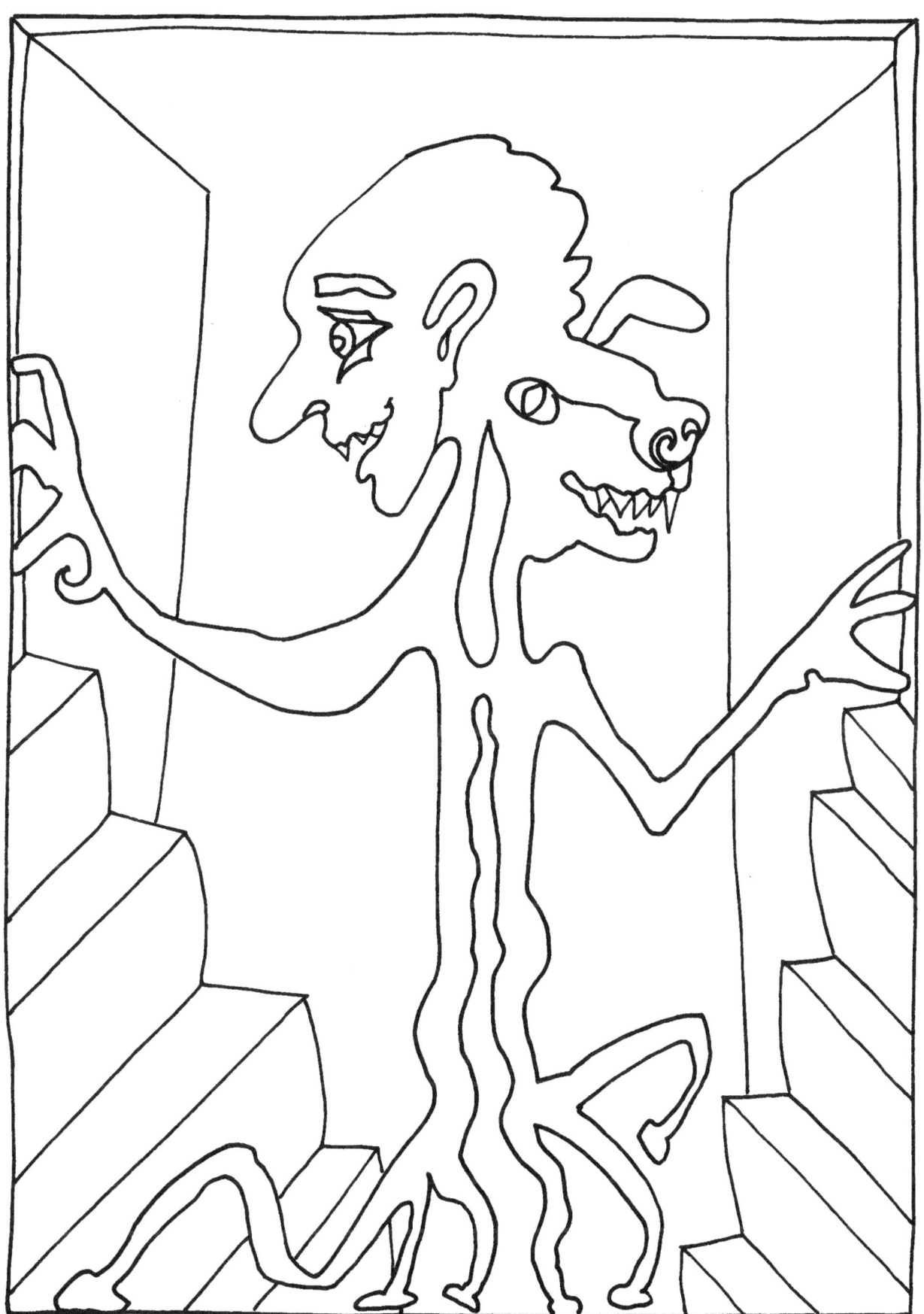

Creatura 3 - ©2017 Joan Worth

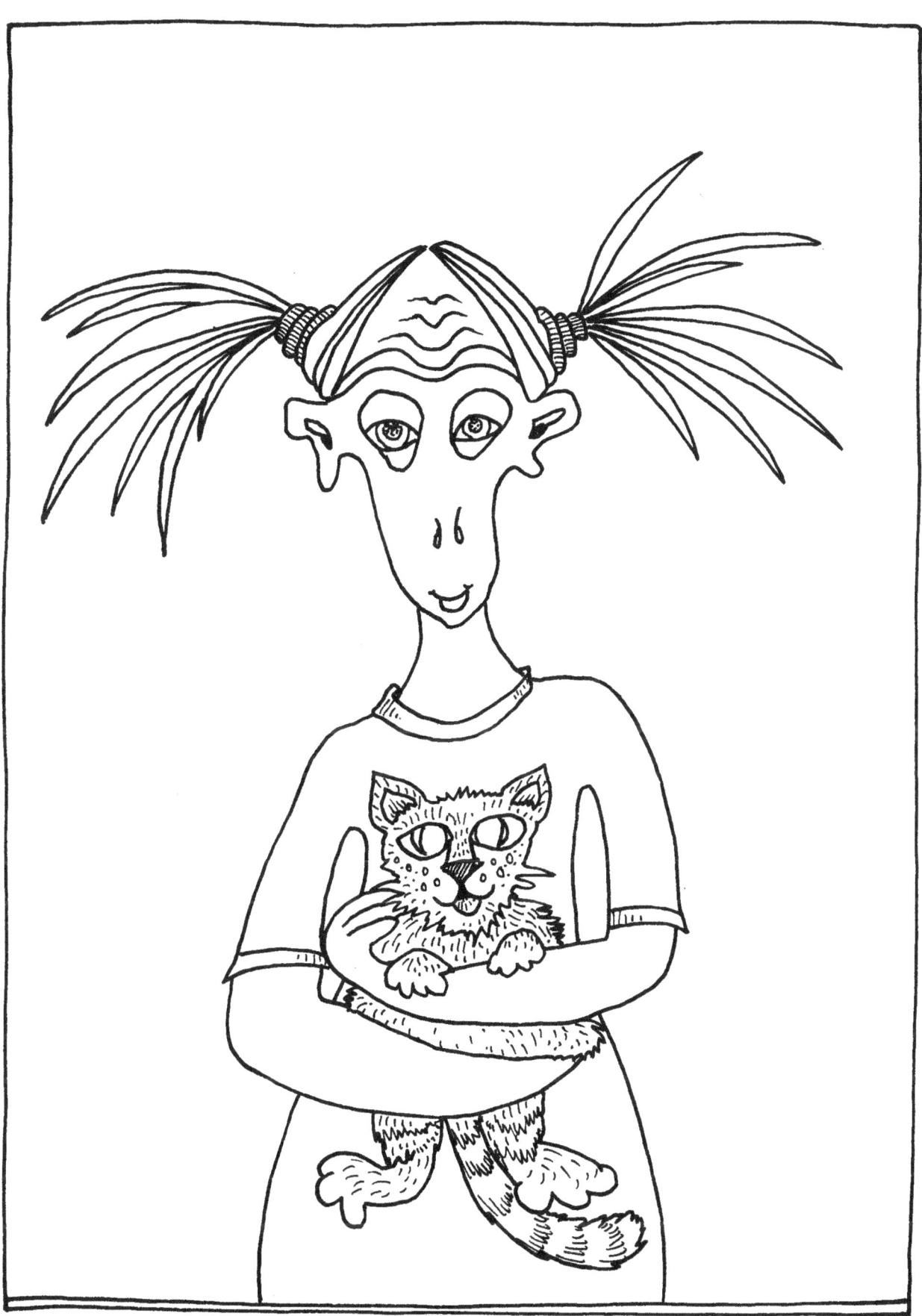

Creatura 3 - ©2017 Joan Worth

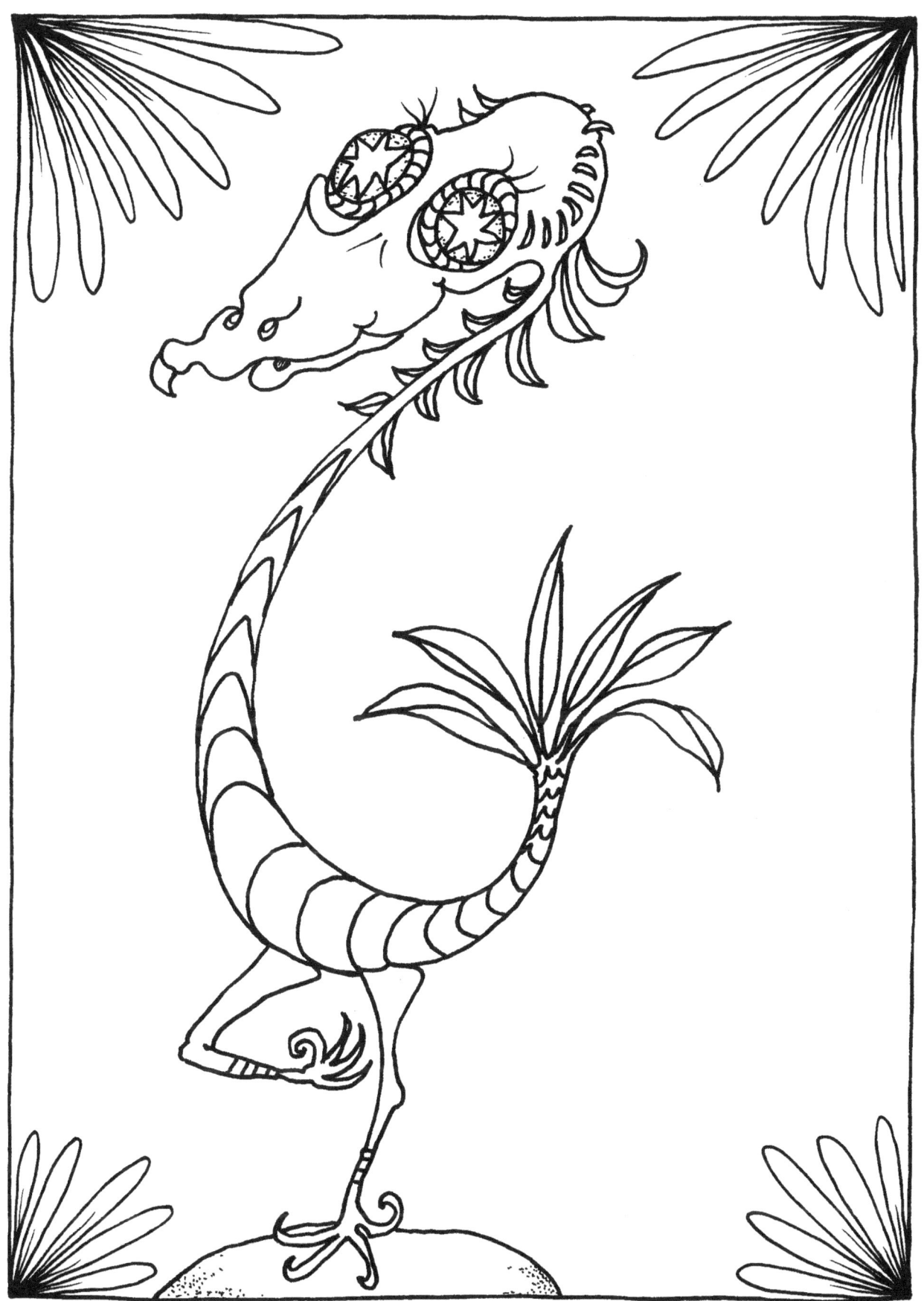

Creatura 3 - ©2017 Joan Worth

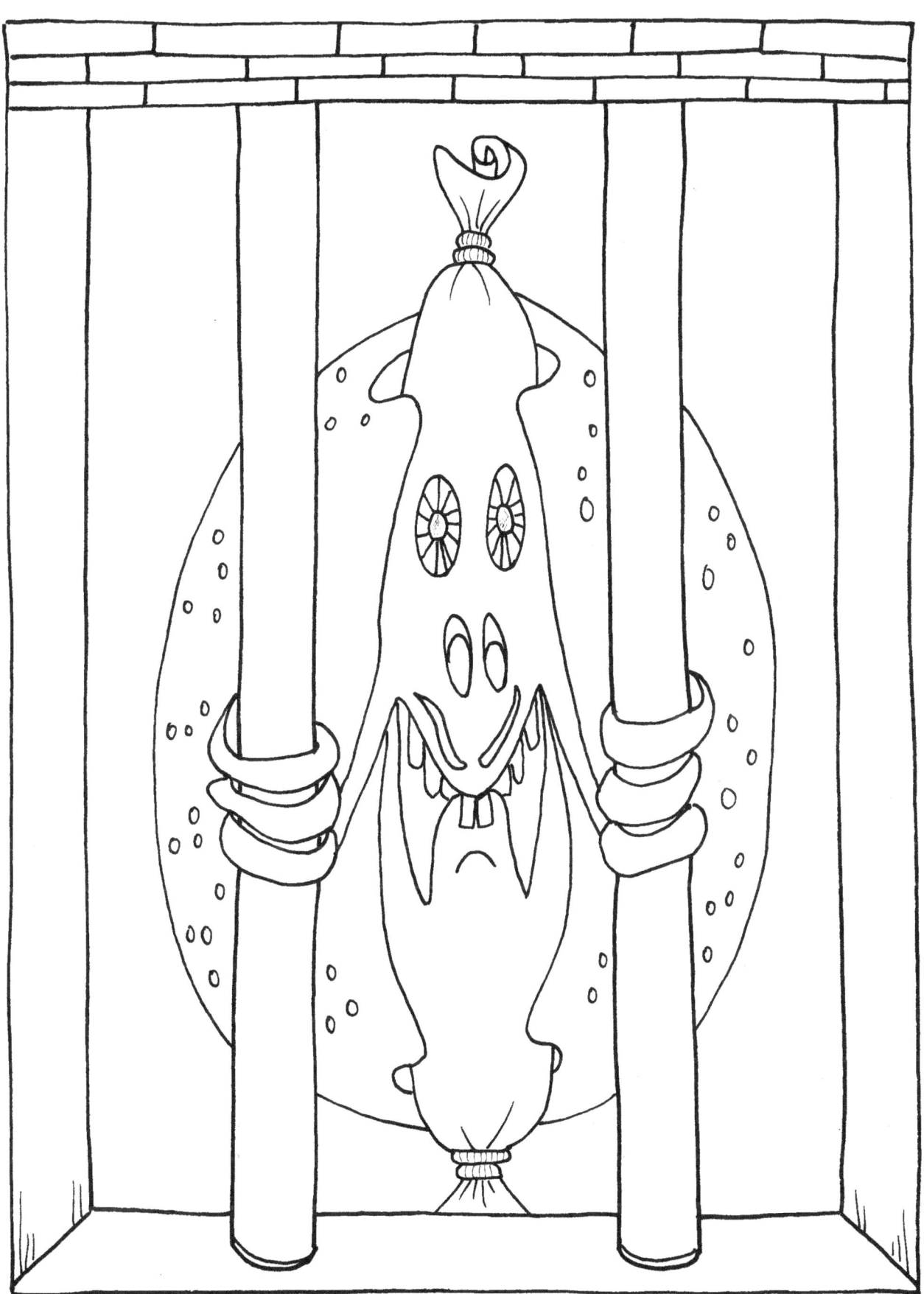

Creatura 3 - ©2017 Joan Worth

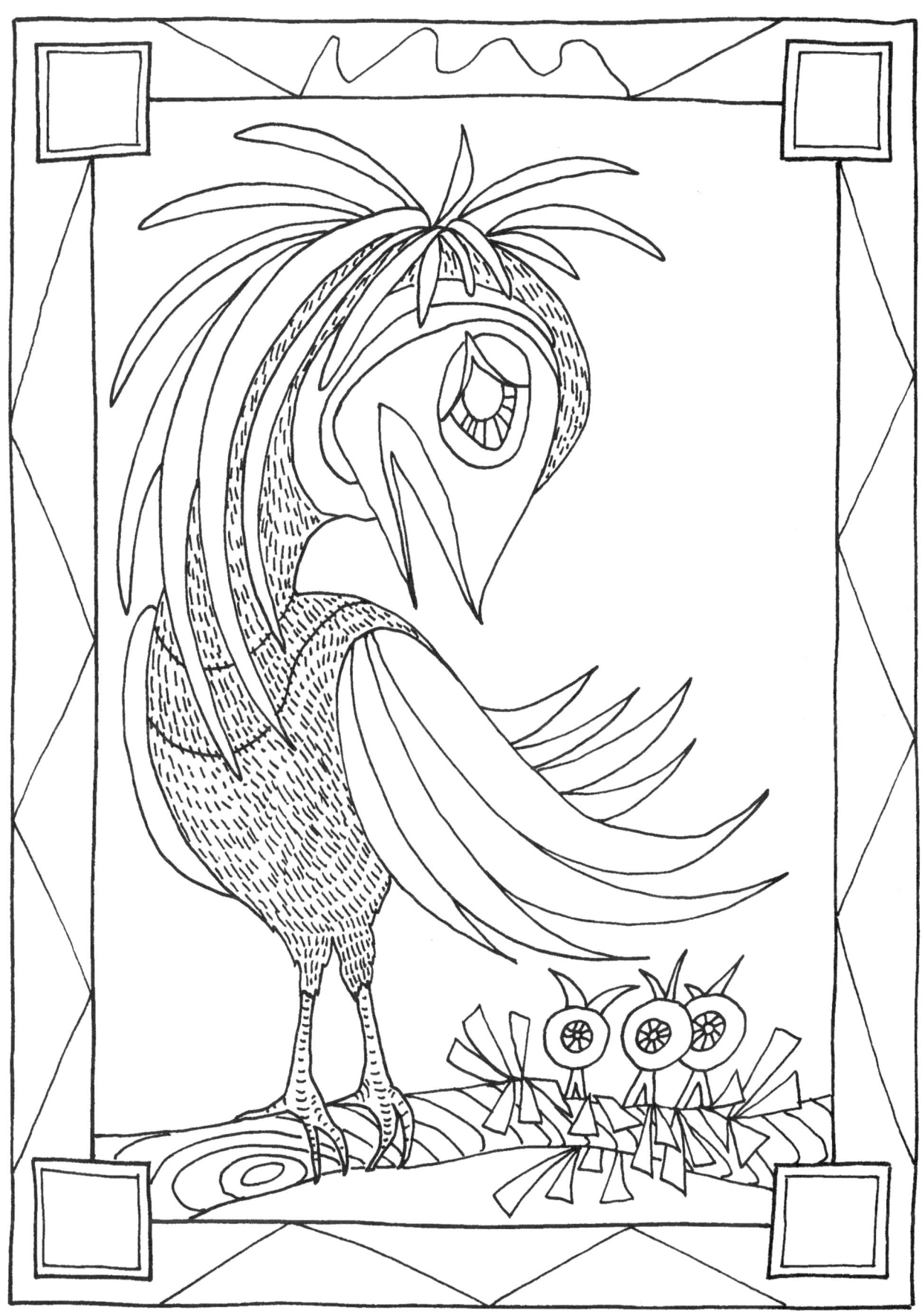

Creatura 3 - ©2017 Joan Worth

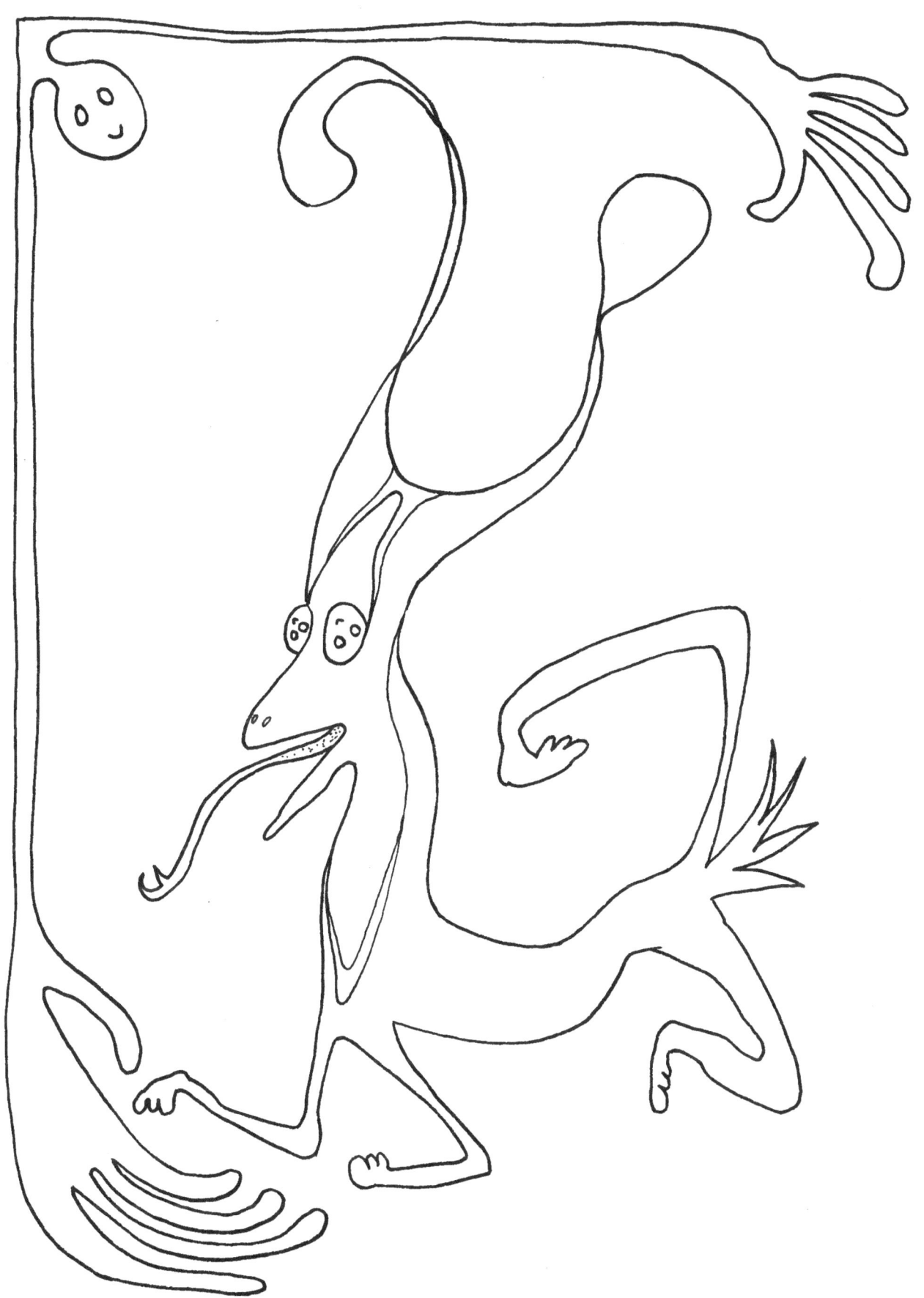

Creatura 3 - ©2017 Joan Worth

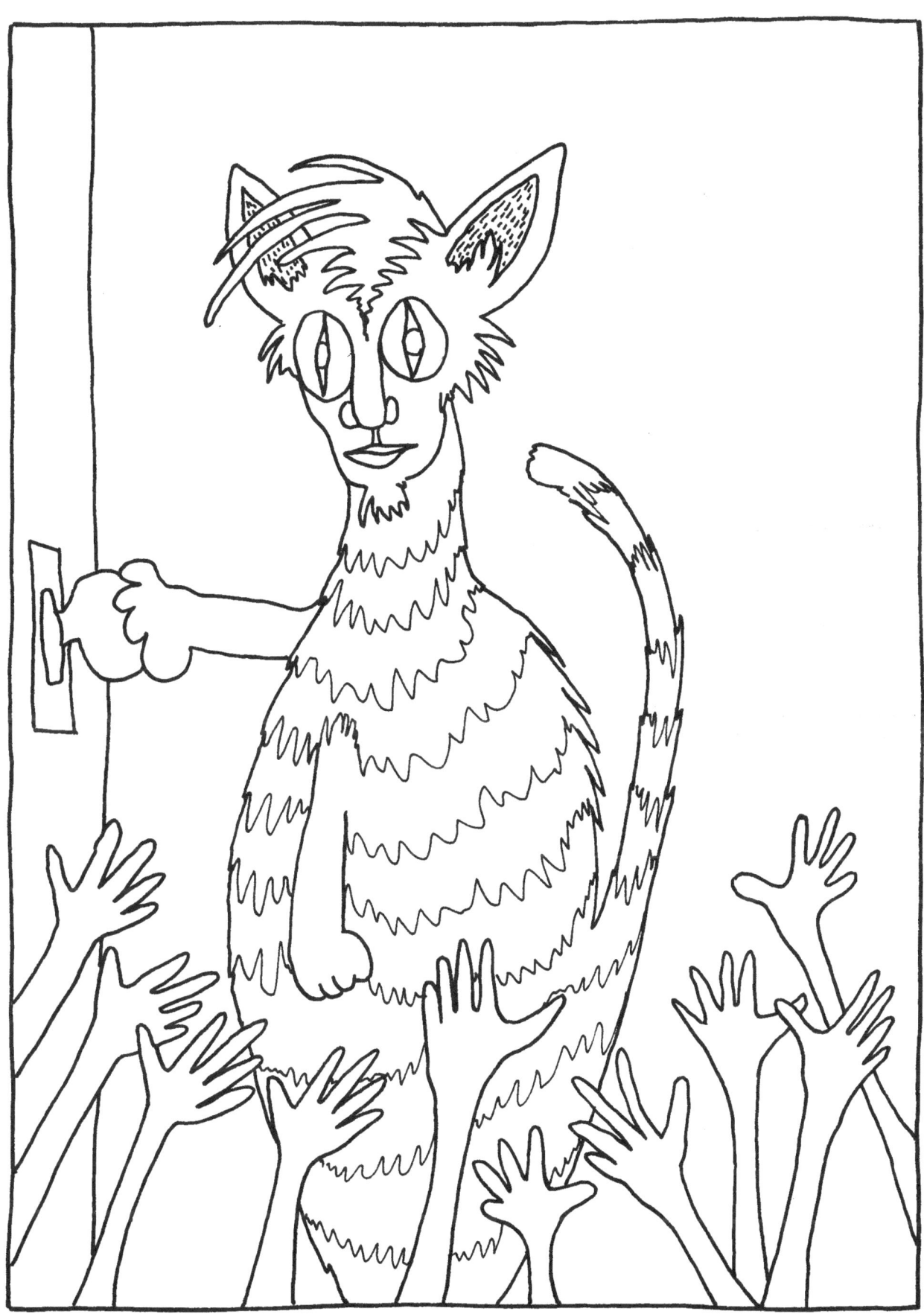

Creatura 3 - ©2017 Joan Worth

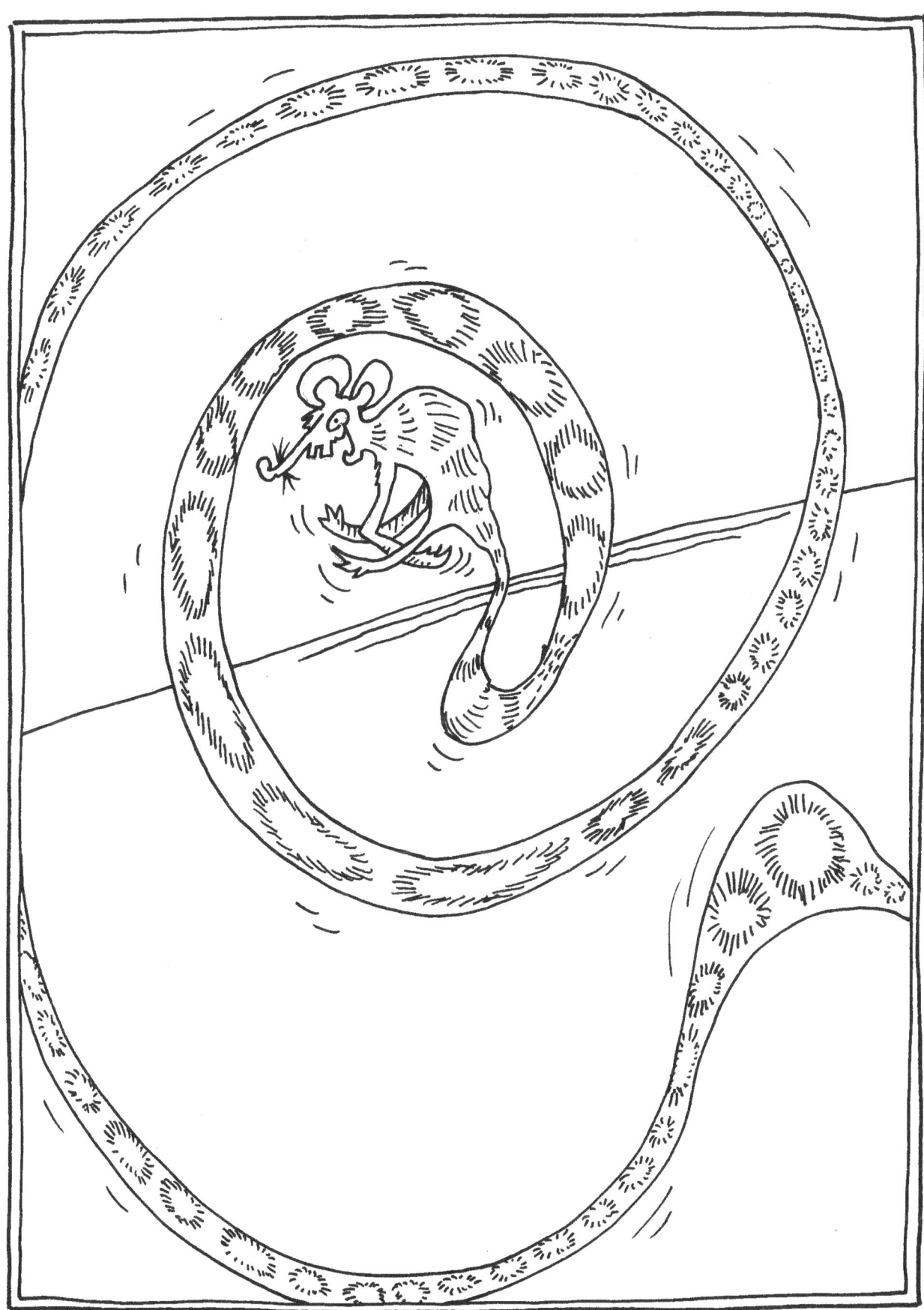

Creatura 3 - ©2017 Joan Worth

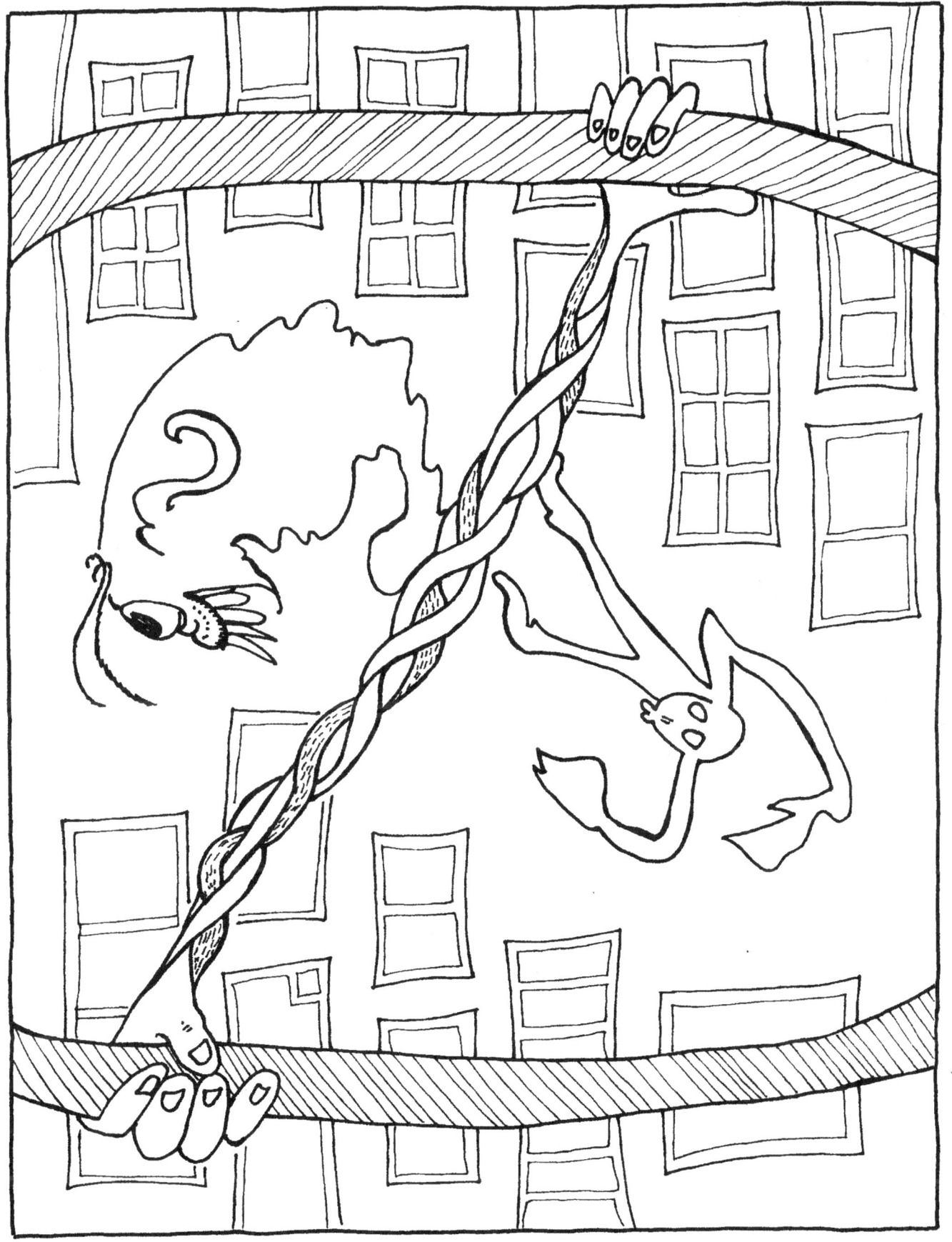

Creatura 3 - ©2017 Joan Worth

www.ingramcontent.com/pod-product-compliance
Lightning Source LLC
Chambersburg PA
CBHW082331220526
45470CB00008B/2476